Die Archäologie der Dunkelheit

Michael Ende
Jörg Krichbaum

Die Archäologie der Dunkelheit

Gespräche über Kunst und das Werk des Malers Edgar Ende

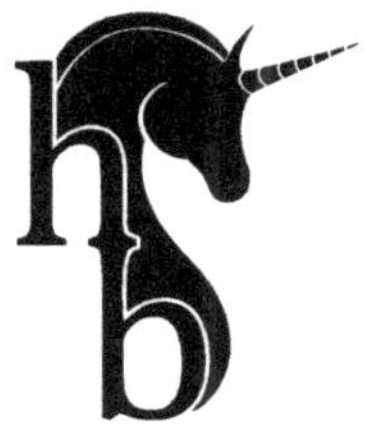

Besuchen Sie uns im Internet:
www.hockebooks.de

Michael Ende, Jörg Krichbaum: Die Archäologie der Dunkelheit.
Gespräche über Kunst und das Werk des Malers Edgar Ende

Covergestaltung: Joachim Luetke (www.luetke.com) unter
Verwendung eines Ausschnitts des Gemäldes »Der Winter«
(1938, Öl auf Leinwand, WZ 97) von Edgar Ende

Die Originalausgabe ist 1985 in der Litera Buch- und Verlags-Aktiengesellschaft, Basel, und im Edition Weitbrecht Verlag in K. Thienemanns Verlag, Stuttgart/Wien, erschienen.

Herstellung: BoD – Books on Demand, Norderstedt
Printed in Europe

ISBN: 978-3-95751-379-3

www.michaelende.de
www.ava-international.de

Vorwort

Wenn man etwas ganz Bestimmtes von einem Menschen wissen möchte, dann überlegt man sich in der Regel ziemlich genau, was und wie man ihn fragt. Und dass man sich zu diesem Zweck natürlich die entsprechenden Notizen macht, versteht sich von selbst. Dazu kommt, dass man, das Ziel der Unternehmung vor Augen, zugleich eine recht konkrete Vorstellung davon hat, wie lange solch eine Befragung, solch ein Interview dauern sollte.

Was jedoch passiert, wenn man den Anlass ein wenig aus den Augen verliert und während des Gesprächsweges an Kreuzpunkte gelangt, von denen Pfade, Straßen oder Alleen abzweigen, die verführerische Ausblicke verheißen? Man könnte zum Beispiel ein Stückchen mitgehen, wenn durch alles vorher Gesagte geradezu versprochen ist, dass auch abseitige Schritte reichlichen Ertrag bringen werden.

Der Anlass für das Gespräch mit Michael Ende war sein Vater, der Maler Edgar Ende, dessen Todestag sich 1985 zum zwanzigsten Male jährt und über den im kommenden Jahr eine Monographie erscheinen wird, mit deren Herausgabe ich befasst bin. Es ging also, wie man so schön sagt, um Daten, Fakten und Hintergründe. Und nicht um das atemberaubende, strahlende und teilweise befremdliche Panorama, welches sich stattdessen vor uns aufspannte. Selbstverständlich, man hätte angesichts des Befragten mit derlei rechnen können, aber man hätte es wohl kaum planen können.

Der Maler Edgar Ende ist heute, obwohl ein mächtiges und in seiner Vielfalt beeindruckendes Œuvre vorliegt, so gut wie unbekannt. Als Maler geistiger Welten beeinflusste er nicht nur das Schaffen von Mac Zimmermann, sondern auch das von Fabius von Gugel und Eberhard Schlotter und nicht zuletzt das seines Sohnes Michael, dessen Bücher mittlerweile in mehr als zwanzig Sprachen übersetzt wurden.

Um es kurz zu machen: Das Gespräch verschaffte sich bereits nach wenigen Minuten seinen eigenen Anlass. Offensichtlich wollte es den Fragenden wie den Befragten gleichermaßen in die Pflicht nehmen, wollte über Gott und die Welt reden und den eigentlichen Kern wohl nur am Rande streifen, sodass es einige Mühe kostete, angesichts sich disparat gebender Weltanschauungen und spürbarer Neigungen, jeden gefundenen Faden dem Gewebe einzuverleiben, wenigstens die bedeutsamsten Informationen und Vermutungen in Bezug auf die Malerei des Vaters gesprächsweise zu überprüfen und, wo möglich, dingfest zu machen.

Überraschend für mich in diesem Zusammenhang die erst nachträglich, also erst bei der Durchsicht des Gesprächs-Manuskriptes deutlich sich zeigende Offenheit oder besser: diese Direktheit in der gegenseitigen Ansprache, dieser eigenartige, einer Sinuskurve vergleichbare Rhythmus, dieser Parlando-Ton, der wohl mehr als jede sich nach grammatikalischer Korrektheit streckende Sprechweise in der Lage ist, die Kunst und die Mystik, die Geometrie und das Leben in einem Klang zu vereinen.

Jedenfalls wurden aus den geplanten vier Stunden etwas mehr als vier Tage. Und ich bin mir nicht sicher, ob man diese Gespräche, wann immer die Gelegenheit sich bieten mag, nicht einfach weiterführen sollte, mit demselben Mut.

Rom, Jörg Krichbaum

Erster Tag

Krichbaum: Herr Ende, vermutlich ist Ihnen ebenso wie mir bewusst, dass Interviews oft wie jene Streitgespräche sind, bei denen allen Teilnehmern erst im Nachhinein die treffenden Antworten bzw. die hieb- und stichfesten Vergleiche einfallen. Dennoch möchte ich es wagen, Sie gerade in dieser Form über das Leben und das Werk Ihres Vaters zu befragen. Wie Sie wissen, arbeite ich seit einiger Zeit an einer Monographie über Edgar Ende, und die Recherchen waren bisweilen sehr mühsam und brachten auch oft recht Widersprüchliches zutage. Verwunderlich für mich zum Beispiel, dass viele in den Lexika aufgeführten Fakten in Bezug auf Ihren Vater nicht ganz richtig oder sogar falsch sind …

Ende: Dass die Daten und Fakten falsch sind, ist mir, ehrlich gesagt, unbekannt. Aber ich habe auch nicht alle Lexika daraufhin durchgestöbert.

Krichbaum: In Herders Enzyklopädie der Malerei steht, dass Ihr Vater angeblich 1933 Malverbot erhielt. Das kam aber erst 1936. Dann soll er 1947 die Neue Gruppe mitbegründet haben. Das geschah aber schon ein Jahr früher. Aus dem Kindler Lexikon darf man erfahren, dass Edgar Ende heute ein »allgemein anerkannter« Maler ist. Dabei ist es schon ein Erfolg, Kunstsachverständige zu treffen, die wenigstens den Namen noch kennen. Der Brockhaus behauptet schlicht: Ende gehöre zu den Surrealisten. Das ließe sich fortsetzen. Doch was mich am meisten irritierte, waren die hanebüchenen Interpretationen.

Ende: Dass die Interpretationen falsch sind oder genauer: Dass die Arbeit meines Vaters sehr häufig missverstanden wurde, ist tatsächlich ein Kapitel für sich. Das liegt wohl daran, dass mein Vater mit seinen Werken so wenig hineinpasste in den üblichen Kunstbetrieb, in die zu seiner Zeit üblichen Weltanschauungen, dass er gewissermaßen missverstanden werden *musste,* dass man etwas in seine Werke hineininterpretierte und dass man ihn ständig in Zusammenhang bringen wollte mit irgendwelchen künstlerischen Bewegungen, die eben zu der Zeit gerade Mode waren, zu denen er aber in Wirklichkeit gar nicht gehörte: wie zum Beispiel der französische Surrealismus, zu dem er nun wirklich nicht gehörte und von dem er sich ständig distanziert hat.

Krichbaum: Was mich in diesem Zusammenhang interessiert: Ihr Vater war, zumindest geht das für mich aus vielen Artikeln hervor, die über ihn erschienen sind, so etwas wie der Prototyp eines Künstlers. Und das in sehr bewegten Zeiten. Den Ersten Weltkrieg hat Ihr Vater, Jahrgang 1901, bewusst erlebt, ebenso die Machtergreifung Hitlers, den Zweiten Weltkrieg, den Zusammenbruch und die später verordnete und zunächst zaghaft praktizierte Demokratie. Ganz allgemein: Was hat ein Künstler mit derlei Dingen zu tun? Wirken sie in sein Werk hinein?

Ende: Sie haben in das Werk meines Vaters ganz eindeutig hineingewirkt. Wenn Sie allein daran denken, dass er ja durch das Heraufkommen der Nazis die größten Lebensschwierigkeiten bekam, dass sein Werk zur Entarteten Kunst gezählt wurde, dass er Malverbot bekam und schließlich nicht einmal Farben und Pinsel kaufen konnte, weil man dazu Mitglied der Reichskulturkammer sein musste und das natürlich für ihn nicht infrage kam. Also insofern hat die Weltgeschichte ganz unmittelbar auf das Leben meines Vaters gewirkt. Darüber hinaus aber noch in ganz anderer Form, indem er eben die ganze Entwicklung der europäischen Kultur eigentlich mit großer Trauer, mit großer Bestürzung erlebte und ihn alles das, was da geschah, in eine sehr einzelgängerische Position hineinzwang, geradezu hineinstieß. Er musste praktisch in die innere Emigration gehen oder in eine Opposition zu seiner ganzen Zeit. Das ist ihm mit Sicherheit nicht leichtgefallen. Das hat ihn sehr, sehr viel Kraft gekostet. Auch im künstlerischen Sinn. Wenn Sie einfach mal die Bilder vergleichen, die er in den ersten Jahren seiner malerischen Tätigkeit gemacht hat, also die Bilder aus den frühen 20er Jahren, dann werden Sie dort noch zum Teil eine, ich möchte beinahe sagen, idyllische Welt finden. Es sind dort Gartenszenen, die sehr friedvoll sind. Es gibt dort zum Beispiel das Ölgemälde *Das Aquarium*, eines seiner schönsten Bilder, ein Bild, das einen ganz eigentümlichen, harmonischen Zauber besitzt. Aber später dann, im Grunde schon Ende der 20er und zu Beginn der 30er Jahre, kommt dann eine ganz andere Phase, in der eben diese eigenartigen Schreckensvisionen plötzlich auftauchen, weil er eben vorausspürte, was nun geschehen würde.

Krichbaum: Also eine konkrete Wirkung auf Leben und Werk durch die Zeit …

Ende: Absolut. Es setzt sich bei ihm alles in seine Bilder um.

Krichbaum: Leider jedoch vermag die Kunst nur wenig zu ändern, jedenfalls kurzfristig – oder hat der Künstler eine ganz andere Verpflichtung gegenüber der Gesellschaft?

Ende: Das ist eine wirklich schwer zu beantwortende Frage. Eine Verpflichtung gegenüber der Gesellschaft sicher nicht in dem Sinne, wie man das in den letzten vierzig Jahren in der Bundesrepublik immerfort gepredigt hat, nämlich dass der Künstler sozusagen das Gewissen oder gar der Schulmeister der Nation zu sein hat. In diesem Sinne ganz gewiss nicht. Ich glaube aber, dass jeder Künstler nicht so sehr aus Pflichtgefühl, sondern aus einem inneren Wunsch heraus das Bedürfnis hat, sich seiner Gesellschaft verständlich zu machen. Sich seiner Gesellschaft mitzuteilen, und dass es für jeden Künstler schwer wird, wenn er merkt, dass diese Gesellschaft ihn nicht akzeptiert, seine Mitteilungen nicht wahrnimmt oder einfach nicht zur Kenntnis nimmt.

Krichbaum: Aber trotz der widrigen Umstände hätte der Künstler die Verpflichtung, im künstlerischen Sinne aufrichtig zu sein, seine wahrhaftige Meinung wie auch immer in Wort, Bild oder Ton seiner Gesellschaft mitzuteilen?

Ende: Ich würde das anders sagen. Ich würde sagen, wenn der Künstler wirklich in seiner Zeit lebt, dann setzen sich bei ihm ganz von selbst die Probleme seiner Zeit in seiner Kunst um. Ich glaube nicht so sehr, dass der Künstler, weder im Sinne einer Pflicht noch im Sinne einer Ambition, auf die Gesellschaft schielen sollte. Er sollte sich in erster Linie der Kunst verantwortlich fühlen. Er sollte sich seinem künstlerischen Gewissen verantwortlich fühlen und eigentlich erst in zweiter Linie dabei an die Gesellschaft denken, der er seine Kunst nun übergibt.

Krichbaum: Das ist ein schöner Hinweis: das Gewissen quasi als integraler Bestandteil der Kunst oder der künstlerischen Äußerung. So gesehen könnte dann wirkliche Kunst nie verlogen sein.

Ende: Nein, wenn es Kunst ist, kann sie nicht verlogen sein. Wenn sie wirkliche Kunst ist.

Krichbaum: Aber hätte dann nicht, wo der Künstler nun diese gewisse Form der Wahrheit vertritt und die Gesellschaft das vermutlich auch spürt und in einigen Fällen sogar erkennt, die Gesellschaft nicht eine Verpflichtung dem Künstler gegenüber, eine moralische beispielsweise?

Ende: Sicher hat die Gesellschaft dem Künstler gegenüber eine Verpflichtung, eine Verantwortung. Aber das ist sehr schwer festzulegen, weil es einfach Schicksalsfügungen sein müssen, die da stattfinden. Man kann das nicht programmieren, man kann das nicht zu einer Pflicht machen. Denken Sie nur an die vielen Künstler, angefangen von Rembrandt bis van Gogh, die von der Gesellschaft eben nicht oder erst sehr viel später oder erst nach ihrem Tod akzeptiert wurden. Da weiß ich nicht, ob es richtig ist, der Gesellschaft daraus einen Vorwurf zu machen. Es passiert doch immer wieder, dass ein Künstler dem Bewusstsein seiner Zeit voraus ist, und es wäre quasi unbillig, von den Menschen zu verlangen, dass sie nun alle ebenso weit voraus sein müssten, wie es der Künstler ist. Ich glaube, man muss das Tragische im Leben vieler Künstler einfach akzeptieren. Man muss es gelten lassen. Es gehört mit zum Erscheinungsbild dieses jeweiligen Künstlers. Man kann in einer wirklichen Tragödie nicht dem einen oder dem anderen einen Vorwurf machen und sagen: Diese Tragödie hätte es nicht gegeben, wenn die Beteiligten nur alle vernünftiger gewesen wären. Das ist sinnlos. Eine Tragödie muss sich eben vollziehen. Und so gibt es auch die Tragödien der Künstler, die nicht begriffen worden sind von ihrer Zeit. Das gehört mit zu ihrem Leben.

Krichbaum: Mit einem Satz: Der Künstler, wenn er Künstler ist, ist einsam.

Ende: Der Künstler ist auf jeden Fall einsam. Ob er nun Erfolg hat und akzeptiert wird oder ob er nicht Erfolg hat und nicht akzeptiert wird. Glauben Sie etwa, dass Picasso nicht einsam war, obwohl er der erfolgreichste Künstler dieses Jahrhunderts war? Er war ganz bestimmt einsam.

Krichbaum: Und Sie selber, Sie sind auch einsam?

Ende: Selbstverständlich.

Krichbaum: Und Sie spüren das ständig oder vor allem dann, wenn Sie sich darüber Gedanken machen?

Ende: Nein, ich spüre das ununterbrochen.

Krichbaum: Als ständige Erinnerung, dass Sie Künstler sind – oder auch manchmal als Lähmung, als Bedrohung vielleicht?

Ende: Nein, nicht als Lähmung oder als Bedrohung, sondern als eine selbstverständliche Voraussetzung meiner Existenz. Ich glaube, wer nicht einsam ist, der kommt gar nicht auf die Idee, Kunst oder Literatur zu machen.

Krichbaum: Aber man könnte jetzt nicht so weit gehen und sagen, dass der einsame Künstler, weil er ja ohnedies einsam ist, ohne die Gesellschaft auskommt?

Ende: Nein, so weit würde ich nicht gehen. Denn wenn ich etwas mitteile, dann teile ich es ja *jemandem* mit. Ich kann doch nicht immerfort ins Leere hinein reden.

Krichbaum: Obgleich dieser Jemand unter Umständen gar nicht versteht, was Sie ihm mitteilen …

Ende: Obgleich der gar nicht versteht, was man ihm mitteilt. Und trotzdem spricht man zu ihm! Das ist im Leben eines Künstlers nicht anders als in vielen menschlichen Beziehungen.

Krichbaum: Dann wäre also Kunst eher eine Form der vorausschauenden Kommunikation?

Ende: Ja. Auch das gibt es. Obwohl man das nicht verallgemeinern sollte. Aber das gibt es zweifellos, dass ein Künstler zu einem Publikum spricht, was erst hundert Jahre später da sein wird.

Krichbaum: Also eine weit in die Zukunft hineinrufende Kunst bekommt Antwort und Echo, wenn der, der diese Kunst geschaffen hat, nicht mehr lebt.

Ende: So ist es.

Krichbaum: Ist das auch Ihrem Vater bewusst gewesen?

Ende: Mein Vater war eigentlich ziemlich sicher, dass man eines Tages verstehen würde, was er gemalt hat und warum er es so gemalt hat.

Krichbaum: Jetzt fühle ich mich an Max Beckmann erinnert, der das ähnlich formulierte. Dennoch, so wenig gelitten war Ihr Vater in seiner Zeit nun auch wieder nicht. Ich denke da vor allem an die Ausstellungen, die Ihr Vater bis Ende der 30er Jahre und dann natürlich nach dem Krieg in verstärktem Maße gemacht hat und an denen immerhin Künstler beteiligt waren wie beispielsweise Picasso, Kubin, Giorgio de Chirico, Trökes oder Mac Zimmermann. Das liest sich streckenweise wie ein Gotha der modernen Malerei …

Ende: Das ist richtig. Mein Vater war beim kunstverständigen Publikum durchaus bekannt und akzeptiert. Doch zugleich wurde er auch für einen Außenseiter gehalten. Und man hält ihn heute noch dafür. Ich glaube, das liegt wohl auch daran, dass er ganz bewusst auf alle Bestechungsversuche des Betrachters verzichtete. Ich meine damit, er bemühte sich nicht um eine schöne Peinture; er wollte nicht durch eine wie auch immer geartete altmeisterliche Maltechnik überzeugen, quasi als Selbstzweck, als Element, das jeder sofort erkennen und abhaken konnte. So wie man das bei Fuchs …

Krichbaum: Sie meinen jetzt Ernst Fuchs?

Ende: Ja, den Wiener Phantasten. Diese virtuose Technik, die oft darüber hinwegtäuscht, dass das Bild ganz leer ist, die aber beim Publikum phantastisch ankommt.

Krichbaum: Und das dann die Technik schon für die Aussage hält.

Ende: Ja. Mein Vater hat jedenfalls auf alle diese Dinge verzichtet. Dazu kommt, dass er auch nicht so leicht einzuordnen war, dass er seinen eigenen Weg ging und sich vermutlich auch deswegen von den französischen Surrealisten distanziert hat. Mit dieser Art von Malerei, die aus dem Unterbewusstsein kam, das Unterbewusste darstellte, konnte er nichts anfangen. Ihm ging es eigentlich mehr um das Wiederfinden der mythischen Regionen im Menschen. Um das »Überbewusste«, wenn Sie so wollen. Das ist nicht gleichbedeutend mit dem Absurden oder dem Unterbewussten im freudschen Sinne. Dieser Urschlamm interessierte ihn nicht. Trotzdem blieben viele Betrachter angesichts der Bilder ratlos. Sie waren und sie sind noch immer schwer zu verdauen. Keine Idyllen, nichts Dekoratives, was man sich so ohne Weiteres ins Wohnzimmer hängen würde.

Krichbaum: Aber vielleicht ins Schlafzimmer, wie den Turm der Blauen Pferde von Herrn Marc …

Ende: Heute. Ja. Vielleicht kommt das noch.

Krichbaum: Dennoch, mich irritiert die Tatsache, dass es bereits 1928, da war Ihr Vater gerade siebenundzwanzig Jahre alt, regelrechte Lobeshymnen auf das Werk Ihres Vaters gab. Also zu einer Zeit, wo er bestenfalls, das als Behauptung, vierzig Bilder gemalt hatte. Hugo Sieker beispielsweise scheute sich nicht, die Werke Ihres Vaters, besonders die Darstellung des Menschen und die Behandlung des Hintergrunds mit denen von Marées zu vergleichen und ihn als legitimen Nachfolger zu apostrophieren. Das finde ich außerordentlich.

Ende: Na ja, Hugo Sieker war auch fast so etwas wie ein Studienkollege …

Krichbaum: Diesen Vergleich finde ich trotzdem sehr treffend.

Ende: Er ist auch treffend. Mein Vater war Ende der 20er Jahre tatsächlich dabei, sich einen Namen zu machen. Sogar Franz Roh wurde auf ihn aufmerksam und kam ihn besuchen. Es gab in der Tat eine ganze Reihe von bedeutenden Kunstkritikern, die sich sehr positiv über das Werk meines Vaters äußerten. Aber wie das halt so ist, zum Beispiel bei Franz Roh, den ich selber noch gut gekannt habe, der war natürlich immer sehr erpicht darauf, mit seinen Kritiken an der Spitze der jeweiligen Kunstentwicklung zu stehen. Er hat ja dann auch sehr schnell das Interesse an dem verloren, was er für Surrealismus hielt, weil dann die abstrakte Malerei kam, das war dann viel aktueller. Und die Nazis kamen dann auch. Da war es vorbei mit den Lobeshymnen in dieser Richtung. Und es gab auch keine

Möglichkeiten mehr auszustellen. Man hatte meinem Vater sogar verboten, Farben zu kaufen.

Krichbaum: Trotz dieser unseligen Zeiten durfte Ihr Vater bis 1938 seine Arbeiten ausstellen. In Deutschland und auch im Ausland. Sogar in den Vereinigten Staaten.

Ende: Die Ausstellungen in Pittsburgh waren nur möglich, so lange Amerika noch nicht in den Krieg eingetreten war.

Krichbaum: Nach grober Schätzung konnte man damals Ihren Vater zu jenen Malern zählen, die mit am häufigsten an Ausstellungen beteiligt waren und deren Werk von einigen der besten Museen angekauft wurden. Sogar nach dem Krieg, ich glaube 1946, konnte er sofort wieder ausstellen. Es ist für mich nur schwer nachzuvollziehen, dass ein solcher Maler so in Vergessenheit geraten kann, wie es heute der Fall ist. Woran liegt das?

Ende: Das kann ich nicht beantworten. Ich habe das auch nie verstanden. Und ich habe mich wirklich zu vielen Gelegenheiten darum bemüht, auch nach dem Tod meines Vaters …

Krichbaum: Im Dezember 1965.

Ende: Ja, bis heute bemühe ich mich, ihm den Platz zu verschaffen, der ihm meiner Ansicht nach zusteht.

Krichbaum: Vergessen wie Eberhard Schlotter.

Ende: Was vergessen ist, ist immerhin einmal da gewesen; er war nie richtig da. Es gab da eine Art stille Übereinkunft bei den Kunsthändlern, die offen sagten: Ach, den Ende, den kann man so schwer verkaufen. Ich weiß noch, kurz nach dem Krieg, da gab es einen Kunsthändler, der sich sehr intensiv für ihn eingesetzt hatte. Das war der Booth in München. Und selbst der sagte immer: Wissen Sie, Herr Ende, ich verkaufe eher 20 Baumeister, ehe ich einen Ende verkaufe. – Also Bekanntheit und

Verkäuflichkeit hängen nun mal zusammen. Und es ist klar, ein Baumeister passt problemlos zum Mobiliar. Aber stellen Sie sich mal *Die Zelte* an der Wand vor und rundherum ist Art Deco.

Krichbaum: Diese Leute wären besser mit den Sachen der Lempicka bedient.

Ende: Zum Beispiel. Ein Käufer fällt mir gerade ein, der hat das wunderbar gemacht, und zwar mit dem Bild *Die brennende Fahne*. Der hat sich tatsächlich eine Nische in die Wand seines Musikzimmers hauen lassen, über dem Flügel – und man konnte dann durch eine Zimmerflucht auf das Bild zugehen. Die Bilder sind unheimlich dominierend. Und überhaupt nicht gefällig, dekorativ. Sie fordern sehr viel.

Krichbaum: Da bin ich etwas anderer Meinung. Zudem stellt sich mir das Werk so dar, als ob es aus zwei Teilen oder Phasen bestünde: der Vorkriegs- und der Nachkriegsphase. Der Teil, der bis ca. 1940 entstandenen Arbeiten erscheint mir, mit dem heutigen Bewusstseinsstand, als »leicht« zu verstehen. Das nach dem Krieg entstandene Œuvre wirkt auf mich sperriger. Das Werk eines Suchenden, eines Experimentierers, bis hinein in die Farbgebung. Und viele Kritiker sagen auch, dass die Vorkriegsphase die bedeutendere ist.

Ende: Ich nenne das immer seine klassische Phase, bis Ende der 30er Jahre. Da wurden seine Bilder beherrscht von einer mythisch-klassischen Atmosphäre. Ob die besser war, weiß ich nicht, jedenfalls war sie nicht leichter zu konsumieren. Im Gegenteil, die Leute haben sogar Angst bekommen. Es gab Leute, die wurden ohnmächtig angesichts seiner Bilder. Denen verschlug es buchstäblich den Atem vor der Einsamkeit auf seinen Bildern. Eine vorweltliche Einsamkeit. Und eigentlich mache ich mir selbst und allen jenen, die ihm ständig reinzureden versuchten, wirklich Vorwürfe.

Krichbaum: Wo wollte man ihm reinreden?

Ende: Dauernd haben wir ihm gesagt, er soll doch ein bisschen farbiger werden, zum Beispiel mehr Wert auf Peinture legen, auf die durch die Maltechnik bestimmten Reize und all diese Dinge, die so weit weg von seinen Vorstellungen waren. Aber er hat dann tatsächlich versucht, nachdem er mit einigen Kollegen zusammen in Paris war und dort die französische Malerei gesehen hatte, rauszukommen, weg von diesen erdigen Tönen, diese Grautöne zum Leuchten zu bringen. Er hat das schon versucht, ein bisschen gefälliger zu werden. Und damit natürlich all diejenigen enttäuscht, die ihn anders kannten. So hat er sich Schwierigkeiten gemacht, ein Leben lang. Die einen hat er verschnupft, und die anderen hat er nicht erreicht.

Krichbaum: Wenn man das Werk Ihres Vaters Revue passieren lässt, scheint mir das, jetzt nach Ihren Erklärungen, fast sichtbar zu sein. Sichtbar wird allerdings auch etwas ganz anderes: nämlich die Perfektion von Anfang an. Ich meine damit, dass gleich die ersten Bilder wie die eines fertigen Malers wirken. Und nicht wie die eines Autodidakten, der sich erst in vielen Bildern seine Technik und Thematik erarbeiten musste. Wie kommt es, dass jemand mit 19/20 Jahren anfängt, als ob er schon fertig sei?

Ende: Mein Onkel erzählte mir, dass mein Vater schon als Kind, ganz früh mit dieser Bilderwelt vertraut war. Die beiden haben sich vor dem Schlafengehen gegenseitig erzählt, was sie so sehen, haben sich die Bilder geschildert, die in ihren Köpfen auftauchten, kurz vor dem Einschlafen. Und das waren schon diese Bilder. Seine Bilder. Das war von vornherein da. Die einzige Frage für ihn war nur noch, wie setze ich das um. Wie. Auf eine Leinwand? Mit einem Wort: Die Welt auf seinen Bildern, die Themen, die musste er nicht suchen, die war ihm gegeben, von Anfang an.

Krichbaum: Ein Maler ohne Vorläufer.

Ende: Er kannte gar keine Maler, damals.

Krichbaum: Dennoch, Ihr Vater hat in Hamburg-Altona die Kunstgewerbeschule besucht und sich das Handwerkszeug angeeignet. Nebenher arbeitete er als Anstreicher, um sich das Geld für das Malen seiner Bilder zu verdienen. Hatte er zu der Zeit keinen Kontakt zu anderen Malern?

Ende: Wenn, dann nur sehr wenig. Auch mit de Chirico, was oft erwähnt wird, stimmt das nicht so ganz. Mein Vater kam aus sehr kleinen Verhältnissen. Und er hat de Chiricos Bilder erst kennengelernt, als er selber schon längst so malte. Eine Koinzidenz, wenn Sie so wollen, dass es zwei Maler gibt, die jeweils eine metaphysische Welt hingestellt haben.

Krichbaum: Moment, es gab über de Chirico die Beziehung zu Böcklin, und auch dessen Werke hatte Ihr Vater gekannt …

Ende: Auch erst viel später. Es gibt ein Bild, auf das kam er immer wieder zu sprechen. Das war für ihn wie eine Initialzündung, weder von Böcklin noch von de Chirico. *Das Floß der Medusa,* na helfen Sie mir …

Krichbaum: Von Géricault.

Ende: Da muss er fünfzehn oder sechzehn gewesen sein, als er das Bild sah. Das hat er später gesagt, dass er da sofort gespürt hätte, die Richtung gefunden zu haben. Auch das Pathos. Das suchte er. Und er ist ja einer der wenigen modernen Maler, die Pathos in ihren Bildern riskieren.

Krichbaum: Gut, also nur ein ganz klein wenig Böcklin.

Ende: Böcklin hat er nicht sehr gemocht.

Krichbaum: Obwohl es bei Böcklin Pathos gibt, ganz zu Schweigen von der Einsamkeit. Die wichtigsten Themen Ihres Vaters, Tod, Vergänglichkeit, Einsamkeit, die wichtigsten Themen auch bei Böcklin …

Ende: Das würde ich so nicht sehen. Die Böcklinsche Einsamkeit ist eine Stimmungseinsamkeit, gewissermaßen eine Einsamkeit, die sich greifen lässt, nehmen Sie zum Beispiel die *Toteninsel* oder etwas in der Art. Bei meinem Vater wird das zu einer kosmischen, also einer mythischen Einsamkeit. Endlose leere Räume, in denen irgendwo etwas stattfindet, sich ereignet. Es ist eine gänzlich andere Einsamkeit.

Krichbaum: Die leeren Räume, das ist richtig. Das gibt es so bei Böcklin nicht. Da ist fast reale Natur mit im Spiel …

Ende: Die Böcklin-Bilder sind voll. Es gibt Blumen, Gräser, Blätter, ausgearbeitete Strukturen …

Krichbaum: Ja, ich verstehe.

Ende: Und auf der anderen Seite, bei den Bildern meines Vaters, diese Weltraumleere. Und er war sehr darauf bedacht, diese zu erhalten. Das war ihm sehr wichtig, dass seine Bilder nicht vollgemalt wurden, weil er der Meinung war, dass dadurch das dargestellte, in der Leere stattfindende Ereignis entwertet würde, wenn zu viele Details vorkämen. Das Wichtigste für ihn war das Weglassen: so viel wegzulassen, wie irgend möglich war, und sich immer mehr zu konzentrieren auf diesen einzigen Vorgang, der wichtig war und der eben nicht gedanklich konzipiert war.

Krichbaum: Das verstehe ich nicht.

Ende: Es waren die Vorgänge, die Bilder, die in ihm auftauchten, die er, ich möchte fast sagen, lediglich notiert hatte und bei denen er sich schwer hütete, sie selber zu interpretieren. Worum es ihm immer zu tun war, das war das *Geheimnis*. Ein Schlüsselwort im Übrigen. Denn er sagte, das Absurde ist nicht geheimnisvoll. Das sind zwei ganz verschiedene Dinge. Es gibt zwei verschiedene Arten, nicht zu verstehen. Das Absurde ist auf der intellektuellen Ebene nicht zu verstehen. Es ist paradox. Er meinte vielmehr das Mythische, das Metaphysische, das aus einem anderen Grund nicht zu verstehen ist, weil es geheimnisvoll ist und bleibt. Weil es, wie er sagte, vor dem Gedanken kommt. Es ist ursprünglicher als jeder Gedanke. Und eben das hat er ständig zu finden versucht.

Krichbaum: Ich würde gern noch mal einen Schritt zurückgehen und auf die leeren Räume und das Stichwort Einsamkeit zurückkommen. Denn mir scheint es sehr merkwürdig, hier einen Maler zu haben, der schon in seinen ersten Werken nicht nur sein Thema, sondern auch die Art der Darstellung gefunden hat. Oder ist das eher ein böses Omen.

Ende: Das kann sein. Und was merkwürdig ist, dass er als Mensch ganz und gar nicht so wirkte. Er war eher ein freundlicher, ein durchaus geselliger, ja ein jovialer Mensch, der sehr viel Wärme um sich herum verbreiten konnte. Ich erinnere mich an eine Dame, die das nicht verstand; die Bilder von ihm gesehen hatte und zu Besuch kam, völlig empört war, ihn für einen Hochstapler, nicht für den Maler hielt und ihn als Lügner bezeichnete. Sie hatte sich einen hageren Asketen mit glühenden Augen vorgestellt, umgeben von einer Atmosphäre von Jenseitigkeit. Stattdessen kam ihr ein rundlicher Mann mit Embonpoint und einem sehr freundlichen Gesicht entgegen, der in seiner persönlichen Ausstrahlung nichts von dem hatte, was in seinen Bildern ist. Doch wenn ich mir die Summe seines Lebens jetzt vor Augen führe, dann glaube ich, dass hinter dieser persönlichen Erscheinung irgendetwas in ihm war, was tatsächlich das ganze Leben lang einsam geblieben ist und was für uns alle unerreichbar blieb. Und das hat er eigentlich gemalt.

Krichbaum: Rein quantitativ wurde es ein gewaltiges Werk. Abgesehen von den vielen Gemälden und Zeichnungen, die verbrannt oder verschollen sind. Ein Werk jedoch, dem der Erfolg versagt blieb, bis heute. Auf der einen Seite der Maler Edgar Ende, auf der anderen Seite der Sohn, der Schriftsteller Michael Ende. Misserfolg und Erfolg. Man sagt, dass Sie der erfolgreichste Schriftsteller der Nachkriegszeit sind. Ist das ausgleichende Gerechtigkeit?

Ende: Ach, wissen Sie: Erfolg oder nicht Erfolg, ich glaube, das hat im Grunde genommen nichts mit Qualität zu tun. Nicht, dass ich damit sagen will, nur mangelnde Qualität ist erfolgreich. Das wäre Unsinn. Es gibt großartige Bücher wie den *Don Quichotte*, die sofort erfolgreich waren, regelrechte Bestseller in ihrer Zeit. Und es ist nach wie vor ein großartiges Buch. Oder denken Sie an Goethes *Werther*. Und es gibt andere Bücher, wie die von Kafka, die es sehr schwer hatten, überhaupt verstanden zu werden, selbst im engsten Freundeskreis …

Krichbaum: Und was später kam, hat er dann nicht erfahren, weil fast nichts zu Lebzeiten publiziert wurde.

Ende: Bis auf eine Erzählung, ja. Ich will damit auch nur sagen: Woher Erfolg oder Misserfolg kommen, das hat mit der Intensität, der Ernsthaftigkeit oder der Qualität eines Werkes überhaupt nichts zu tun. Das liegt an der Zeit. Bei meinem Vater kann man regelrecht sagen, dass für ihn immer die falsche Zeit war. Gerade, wenn er anfing, Erfolg zu haben, geschah etwas, was diesen Erfolg zunichtemachte. In den 30er Jahren, als er anfing, Erfolg vor allem im Ausland zu haben, kamen die Nazis und haben das unterbunden. Als der Krieg dann vorbei war und er nun dachte, endlich ist die Zeit da, jetzt kann ich malen und ausstellen, wie ich will, war die offizielle Kunstszene nicht mehr am Surrealismus in seiner Gesamtheit interessiert: Plötzlich gab's nur noch Abstrakt oder Monochrom, mit allen Zwischenstufen. Und Ende galt als veraltet, weil er an seiner Art zu malen festhielt. Er hat seiner Sache die Treue gehalten. Und als dann die Zeit der Wiener Schule kam, so in den frühen 60er Jahren, also die Zeit, in der man auch seine Werke hätte rezipieren können, da starb er, gerade 64 Jahre alt.

Krichbaum: Zur selben Zeit entwickelte sich auch das politische Bewusstsein zum Beispiel in der Studentenschaft, der Prager Frühling war nicht mehr fern ...

Ende: Ich will damit nur sagen, er war, wie auch immer, entweder zu spät oder zu früh dran. Er bekam niemals die Aufwärtsbewegung irgendwelcher Strömungen oder Moden mit. Im Gegensatz zu mir. Was nicht heißt, dass ich das beabsichtigt hätte. Aber ich kann mir gut vorstellen, dass ein Buch wie *Die unendliche Geschichte* etwa, wenn es zwanzig Jahre früher erschienen wäre, kein Publikum gefunden hätte. Vorher war man sich sehr darüber einig in der gesamten Literaturszene, dass nur die sozialkritische realistische Literatur wirkliche Literatur ist. Es mussten also erst diese zwanzig Jahre vergehen und eine gewisse Übersättigung eintreten. Und in die hinein erschien nun plötzlich mein Buch und fand ein großes Publikum. Das war nicht berechnet und nicht beabsichtigt. Das ist mir halt widerfahren. Und meinem Vater ist ständig das Gegenteil widerfahren.

Krichbaum: Was mich auch ein wenig an Blake erinnert.

Ende: Dem ist es ähnlich ergangen, richtig. Übrigens fühlte sich ihm mein Vater sehr verwandt. Das geht so weit, dass ich früher manchmal, wenn ich mir Portraits von Blake anschaute, das Gefühl hatte, meinen Vater darin zu erkennen.

Krichbaum: Auch da eine deutliche Verquickung von Literatur und Malerei, bis hin zu den Einflüssen von Momberts Dichtungen auf Ihren Vater.

Ende: Und natürlich die Musik von Bruckner, die für ihn die größte Musik überhaupt war.

Krichbaum: Das geht mir zu schnell. Ich möchte noch ein bisschen bei dem Gedanken bleiben, dass sich Qualität nicht so ohne Weiteres durchsetzt.

Ende: Doch, sie wird sich durchsetzen, früher oder später. Auch wenn alle bisherigen Versuche gescheitert sind. Wie oft ich auch versucht habe, ihm die Stelle in der modernen Kunstgeschichte zu verschaffen, die ihm gebührt – es ist ja alles schiefgegangen. Man hat es einfach nicht akzeptiert, dieses Werk. Die Kunstszene will nicht. Aber irgendwann wird es klappen.

Krichbaum: Es wird jetzt klappen, glaube ich.

Ende: Warum sollte es?

Krichbaum: Unabhängig von der Qualität freut sich jeder, wenn er eine Entdeckung macht. Dazu kommt, dass einige von den besonders agilen Kunstkritikern nicht zugeben können, Entdeckungen gemacht zu haben, weil sie ja schon alles kennen, diese feinen Geister. Man muss ihnen deutlich machen, dass es sich lohnt, dann werden sie aktiv.

Ende: Es hängt von so furchtbar vielen Konventionen ab, von irgendwelchen Ismen und Schlagworten, in der Literatur ebenso wie in der Kunst. Jetzt sind die jungen Wilden akzeptiert. Wenn man akzeptiert sein will, muss man so malen wie die. Früher waren es die Surrealisten. Da musste man die geleckte Malerei beherrschen, die virtuose Lasurtechnik. Und eben das wollte mein Vater nicht, obwohl er es gekonnt hätte. Ich weiß es, weil er z. B. von Ernst Buchner, dem damaligen Generaldirektor der Bayerischen Museen, der ein Freund meines Vaters war und der immer versuchte, ihm ein wenig zu helfen, Aufträge bekam.

Krichbaum: Was für Aufträge waren das?

Ende: Zum Beispiel Lucas Cranach zu kopieren. Auch von Altdorfer hat er Kopien angefertigt. Und er war darin ganz ausgezeichnet. Diese Arbeit begeisterte ihn, weil er dabei natürlich die altmeisterliche Technik genau studieren konnte und auch schnell rausgekriegt hat, wie Cranach so einen Zobelpelz malt. Wie die kleinen Lichter in den Pelz zu setzen sind. Das konnte er sehr gut. Aber für seine eigenen Bilder kam das nicht infrage. Mit solchen Aufträgen hat er sich nur über Wasser gehalten und die Familie ernährt.

Krichbaum: Noch mal eine Anmerkung zu dem Gedanken von vorhin. Vor ein paar Wochen war ich bei Lothar Romain in Hannover und zeigte ihm ein paar Dias von den Gemälden und Zeichnungen Ihres Vaters. Und seine erste Reaktion angesichts der nach 1945 entstandenen Arbeiten: Als ob unsere jungen Wilden aus Berlin oder Mühlheim bei diesem Herrn im Atelier gewesen seien. Vielleicht wird man Edgar Ende heute über sein Nachkriegs-Œuvre entdecken und dann im zweiten Zugriff erkennen, dass da noch viel mehr ist.

Ende: Das kann gut sein. Man muss sich einfach wieder vor Augen führen, wie das damals war. Die Nachkriegsmalerei stand weitgehend unter dem Diktat von Paris. Und in Deutschland galt nur das als akzeptabel, was von Paris akzeptiert wurde. Das galt auch für Leute wie Baumeister. Die hatten diese Delikatesse in ihren Bildern. Das war maßgebend dafür, ob jemand gekauft wurde. Aber mein Vater war eben kein delikater Maler. Er hatte auch keine Peinture im traditionellen Sinne. Der Pinselstrich war nebensächlich. Aber er hätte es machen können. Er hätte die schönsten Himmel mit herrlichen Wolken und phantastischen Farben malen können. Aber wenn er das gemacht hätte, wäre es ihm wie ein Bestechungsversuch vorgekommen.

Krichbaum: Diese Leichtigkeit bzw. Delikatesse fehlt ja vielen deutschen Malern aus der Zeit. Im Übrigen ist das ein Vorwurf, den man seit Jahrhunderten erhebt: dass die deutschen Künstler vom gründeln nicht lassen können. Obgleich es sich doch mittlerweile herumgesprochen haben sollte, dass von Dürer über Zick und Friedrich bis hin zu Corinth die angemessene, durch den Inhalt bestimmte Darstellung eines Problems, eines Themas vor der gewissermaßen rein ästhetischen Darstellung rangierte.

Ende: Kunst ist eben sehr viel mehr als Oberflächenästhetik. Es gibt auch die Lust an der Sprödigkeit. Ich fände es ganz gut, wenn sich bei uns, in unserer mittel- oder nordeuropäischen Kunstszene herumspräche, dass Kunst und Poesie – bei der Musik ist es ja noch offensichtlicher – dass das alles etwas mit Lust zu tun hat. Ich glaube nicht, dass die Bilder meines Vaters in irgendeiner Form lustlos sind.

Krichbaum: Gut, aber wenn es eine Lust ist, dann ist sie da ganz offensichtlich mit Schmerz gepaart.

Ende: Aber natürlich! Nehmen Sie Bruckner als Beispiel aus der Musik. Da ist es dasselbe. Und das ist es auch, was man Bruckner häufiger vorwirft, dass seine Symphonien wie eine endlose Bergpartie sind. Man steigt und steigt und steigt und kommt auf dem Gipfel nicht an. Ja, aber gerade das ist es doch: das Steigen als Prinzip und nicht, um auf einem Gipfel anzukommen. Nicht, wie es bei Beethoven ist. Der steigert eine Sache in drei Minuten hoch, und schon ist man oben angelangt. Nein, bei Bruckner muss man eine halbe Stunde klimmen. Manche Leute haben wohl noch nicht begriffen, dass es gerade das ist. Es kommt bei Bruckner nicht darauf an, den Gipfel zu erreichen. Die Bewegung ist das Entscheidende. Das meine ich mit Lustprinzip. Wenn Sisyphus begreift, dass die Tätigkeit wichtiger ist als das Ergebnis, dann ist er nicht mehr verdammt.

Krichbaum: Und dieses Lustprinzip erscheint mir als sehr nordeuropäisch. Diese tragische Komponente. Da ist nichts Mediterranes drin.

Ende: Doch, wenn man sich dabei nicht selbst zerfleischt, sondern es zur großen Form des Spiels macht. Und das können die Italiener zum Beispiel; fast alle Südeuropäer. Und das ist es, was uns mit einem gewissen Neid erfüllt, weil wir es so nicht können, aber vielleicht auch gar nicht sollen. Denn was wäre gewonnen, wenn unsere Maler wären wie die italienischen Maler …

Krichbaum: Ich habe das Gefühl, wir beide meinen dasselbe, drücken es nur anders aus.

Ende: Also wenn wir so wären wie die anderen, dann würde nur eine Farbe im Spektrum fehlen. Das kann wohl nicht wünschenswert sein. Aber dieses Lustprinzip (bei uns und vermutlich auch bei vielen anderen auf der Welt) wird eben nur dann akzeptiert, wenn es einer bestimmten Konvention entspricht. Wenn sich herumgesprochen hat, was man für lustvoll zu halten hat, dann wird es akzeptiert. Wenn jetzt aber einer kommt, wie mein Vater, der auf diese abgesprochenen Stimuli verzichtet, bewusst und absichtlich, auch aus einer gewissen Provokation heraus, also wenn er keine glatten Bilder malt, sie nicht zufirnist, sodass sie aussehen wie Emaille-Arbeiten und man keinen Pinselstrich mehr erkennt, wenn einer genau darauf verzichtet, dann meinen die Leute: Ach so, na ja, der kann es halt nicht anders. Man ist es ja auch gewohnt von bestimmten Virtuosen in der Musik, die mit ein paar kleinen modischen Tricks ihre Hörer bestechen. Die danken's auch noch, und im Handumdrehen werden diese Techniker dann hochgehandelt, weil sich das natürlich bestens verkauft. Es ist wirklich lächerlich, vor allen Dingen, wenn ich an meinen Vater denke, ich kann das auch nur lachend sagen, es ist komisch, denn er hat sich sein Leben lang den Kopf darüber zerbrochen, wie er ein bisschen verkäuflicher werden könnte. Das hat aber nichts daran geändert, dass derjenige in ihm, der gemalt hat, unabhängig von dem anderen, der sich den Kopf zerbrach, wie er es dem Kunstmarkt und manchem Betrachter recht machen konnte, also dass das der Maler in ihm gar nicht zugelassen hat. Es fiel ihm dann buchstäblich nichts mehr ein, wenn er sich bemühte, nach den Konventionen zu arbeiten. Ich weiß noch, dass verschiedene Freunde, darunter ein paar Verleger, meinem Vater Aufträge gaben, zum Illustrieren von Büchern, denn er war ja ein sehr guter Zeichner. Von der Fertigkeit her wäre das sicher kein Problem gewesen, Zeichnungen, Ex Librisse oder Bucheinbände zu machen. Ich kann Ihnen nicht sagen, was es für eine Qual für ihn war, einen Bucheinband etwa für die *Iphigenie* von Goethe zu machen.

Krichbaum: Und die Illustrationen für García Lorca?

Ende: Das ist mir neu. Was soll er da illustriert haben?

Krichbaum: Die Romanzen von García Lorca. Ich habe Fotokopien davon gesehen.

Ende: Das würde mich sehr interessieren. Das muss dann vor meiner Geburt gewesen sein. Aber es ist durchaus möglich, dass er sich von Lorcas Texten hat anregen lassen, so wie er sich ja auch sehr stark von Alfred Mombert hat anregen lassen. Ohne ihn aber direkt zu illustrieren. Also wenn er etwas zu einem bestimmten Thema machen sollte, dann war das für ihn Knochenarbeit. Er hat sich dann furchtbar geplagt, und meistens ist auch nichts sehr Gutes dabei herausgekommen.

Krichbaum: Das kann ich so nicht stehen lassen. Denn ich habe da ein paar ausgezeichnete Portraits vor Augen, für die Ihr Vater sicherlich einen Auftrag hatte, zum Beispiel von Professor Brenner.

Ende: Ja, er hat auch viele Portraits gemalt, in der Hoffnung, dass die dann auch abgekauft würden. Aber wie Sie an der Anzahl der Portraits sehen, die heute noch im Nachlass liegen, haben die Portraitierten ihre Portraits nicht haben wollen. Mit den Portraits ist das so eine Sache. Es gibt da einige Portraits, wie zum Beispiel das von Walter Steffen, die sind, wie soll ich sagen, verhältnismäßig normal. Da hat er nicht versucht, seine eigene, surreale Welt mit dem Portraitieren in Übereinstimmung zu bringen. Aber einige andere, wie das von der Alix du Frênes oder das von Ihnen zitierte von Brenner oder auch das, was er von mir gemacht hat, da hat er versucht, seine mythische Welt mit der jeweiligen Figur in Verbindung zu bringen, mit dieser Persönlichkeit, die er da abbilden wollte. Doch da entstand ein Problem, was er sehr deutlich gespürt hat, dass es schwer, fast unmöglich war, das Individuelle eines Portraits in Übereinstimmung zu bringen mit der mythischen Komponente. Vielleicht waren ihm die Gesichter der Menschen zu wenig archetypisch. Und Sie werden es ja auf seinen Bildern gesehen haben, ich meine, es ist doch sehr auffallend, dass er dort, wo er Menschen gemalt hat, diese Menschen eigentlich immer eher als ein *Zeichen* für Mensch gesetzt hat. Also, es sind keine individuellen Menschen, die er da hinmalt. Es ist sozusagen ein Mensch in Anführungsstrichen. Und meistens ging er ja auch so weit, dass er sie ohne Haare gemalt hat, weil ihm die Haare schon zu individuell waren, oder gar ein Schnurrbart. So was hat er weggelassen. Was dort steht, sollte einfach das *Zeichen* Mensch sein. Und das Problematische am Portrait war für ihn, wie er einmal sagte, dass es leicht ein surreales Bild wurde, bei dem man das Gesicht ausgeschnitten hatte und jemanden von hinten durchschauen ließ, wie auf dem Jahrmarkt. Eine individuelle Person zusammenzubekommen mit seinen mythischen Landschaften, das ist ihm häufig nicht gelungen. Vielleicht bei dem, was er von mir gemacht hat, da gehen diese beiden Dinge auf beinahe glückliche Art und Weise zusammen. Und mit diesem Portrait war er auch sehr zufrieden.

Krichbaum: Was Sie über den Menschen als Zeichen gesagt haben, zeigt mir, dass die seinerzeit von Sieker aufgedeckte Beziehung zu Marées wirklich vorhanden ist. Schade, dass er von den Portraits nicht leben konnte, denn es wäre sicherlich auch eine gute Möglichkeit gewesen, die finanziellen Härten des Malverbots etwas zu mildern. Soweit ich informiert bin, wurde ihm auch verboten auszustellen, und seine Bilder wurden 1937 von einer Kommission der Reichskammer der bildenden Künste aus den Museen entfernt, zum Beispiel aus der Hamburger Kunsthalle. Wie hat er sich während dieser Zeit über Wasser gehalten?

Ende: Indem meine Mutter einen Kursus für Heilgymnastik und Massage gemacht hat, in einer Münchner Klinik. Und dann ist sie jeden Morgen los und hat die Leute massiert und hat dann immer so drei, vier Mark mit nach Hause gebracht. Davon haben wir dann gelebt, praktisch die ganze Zeit hindurch. Bis mein Vater Soldat wurde, das war 1940. Und er war fürchterlich unglücklich. Er kam zur Flak und hat dann den größten Teil des Krieges bei der Flak in der Nähe von Köln verbracht. Kurz vor Ende des Krieges wurde er, ganz zum Schluss, in die Gegend von Wien verlegt, wo es ihm, als der Rückzug begann, dann noch so gerade eben gelang, in amerikanische Gefangenschaft zu kommen, und zwar merkwürdigerweise, indem er durch die Enns schwamm. Das ist ein Fluss in Österreich, von dem er immer behauptet hat, da käme unsere Familie her, der Name unserer Familie. Auf diese Geschichte war er durch den Ariernachweis gekommen, das wurde damals so gefordert. Und er sagte immer, dass es da in der Nähe der Enns ein altes Adelsgeschlecht von Ende gegeben habe, irgendwelche Raubritter …

Krichbaum: Ich möchte nochmals auf das Malverbot zu sprechen kommen. Stichwort *Völkischer Beobachter*, 1933, angedrohtes Malverbot, in einem Atemzug mit Wilhelm Nay …

Ende: Wenn ich mich recht erinnere, stand darin, dass Leute, die wie Ende malen, sofort ins KZ gesteckt werden sollten.

Krichbaum: Ja. Nur gibt es da ein Problem, nämlich diesen Artikel von Peter Breuer. Und dieser Herr schrieb 1936 eine regelrechte Eloge auf die Werke Ihres Vaters, sprach auch den deutschen Ton in der Malweise an und beschließt dann seinen Artikel mit dem Hinweis, dass man eigentlich solche großen Maler wie Ende mit öffentlichen Aufträgen versorgen sollte. Ende sollte doch mal Kasernen ausmalen. Hat er dann auch gemacht. Aber ist das nicht ein eigenartiger Widerspruch?

Ende: Sicherlich. Breuer war ein Münchener Schriftsteller, und er kam sehr häufig als Besucher zu uns ins Haus. Wissen Sie, es war ja nicht so in der Nazizeit, dass die Dinge so ein für alle Mal kategorisch festgelegt waren. Und Breuer hat wohl, in verständlicher Absicht, einfach versucht, es den Kulturexperten des Dritten Reiches ein bisschen schmackhaft zu machen, indem er ihnen Ende als nordischen Seher verkaufte. Aber die Nazis haben natürlich sofort gemerkt, dass das trotzdem nicht in ihren Kram passen würde …

Krichbaum: Und sie haben ihm trotzdem Aufträge gegeben.

Ende: Die Nazis nicht, aber die Wehrmacht. Einige hat er auch ausgeführt, als er schon Soldat war. Einige Kantinen, dann dieses Wandgemälde in der Fliegerkaserne …

Krichbaum: Mit den herrlichen Flugapparaten, von der Montgolfiere bis zum Zeppelin.

Ende: Das hat er schon allein deswegen gemacht, weil er dann für eine gewisse Zeit von seinem Militärdienst befreit wurde. Aber er hat furchtbar darunter gelitten, wie Sie sich vorstellen können. So ein Mensch wie mein Vater ist beim Militär am allerschlechtesten aufgehoben. Und um da rauszukommen, aus diesem erbärmlichen Trott, auch mal wieder zu Hause sein zu dürfen, hat er dann solche Aufträge akzeptiert.

Krichbaum: Eins dieser Wandgemälde trug den Titel: *Feldlager um 1800,* für einen Unteroffiziersspeisesaal der Luftwaffe. Ein anderes hieß: *Zug der Nibelungen,* für eine Kaserne in Regensburg.

Ende: Ja, richtig. Er hat sogar einmal einen Auftrag für einen Kollegen bei einer Arbeit in Murnau übernommen.

Krichbaum: Graßmann?

Ende: Ja. Der hatte den Auftrag, an die Wand einer Kaserne in Murnau ein großes Mosaik oder Fresko zu machen, zu Ehren von Ritter von Speck, irgendein General, ich weiß nicht mehr welche Waffengattung. Da hat also Graßmann meinen Vater gebeten, das für ihn zu machen. Und so ist also unter dem Namen Graßmann dann dort der Ritter von Speck zu sehen gewesen.

Krichbaum: Das war der Herr mit dem Ritterkreuz auf sich bäumendem Ross.

Ende: Halt so, wie man das wollte. Aber er hat es eben wirklich nur gemacht, um wenigstens mal für eine Zeit wegzukönnen vom Militärdienst. Das sind gewiss Widersprüche. Ich möchte das mal so sagen: Mein Vater war durch seine ganze Weltanschauung, durch seine Freundeskreise, von vornherein auf der entgegengesetzten Seite, ich meine, was die Nazis angeht. Trotzdem war mein Vater kein politisch ausgerichteter Mensch. Das waren für ihn keine bewussten Entscheidungen, sondern es war reine Mentalitätssache. Er hätte das gar nicht gekonnt. Es war keine Entscheidung in dem Sinn, dass er sich überlegt hat, soll ich mit den Nazis oder soll ich nicht mit den Nazis. Im Klartext: Er hätte gar nicht richtig in Opposition treten und sie durchhalten können. Denn das entsprach nicht seiner Mentalität. Ich möchte fast sagen, dass es so wenig in seine Entscheidung gestellt war, wie es für einen Juden der Fall gewesen ist. Er wäre in diesem Falle sozusagen der Jude gewesen. Das alles stand von der ganzen Geisteshaltung für ihn überhaupt nicht zur Debatte, ob er sich da einfügen könnte oder nicht. Er hätte insofern auch kein Resistence-Mann sein können.

Krichbaum: Ist es für Sie vorstellbar, dass Sie, Michael Ende, mal vor einer ähnlichen Frage stehen?

Ende: Das habe ich mich oft gefragt. Natürlich. Vielleicht wäre ich an seiner Stelle, als es noch ging, ausgewandert. Aber das wäre für ihn schwer geworden. Denn erstens hatte er keine Freunde im Ausland. Und zweitens war er von seiner inneren Haltung doch sehr an Deutschland gebunden, glaube ich. Ich glaube nicht, dass er etwa in Paris oder in New York glücklich geworden wäre. Obwohl, die Amerikaner haben seine Bilder sehr geschätzt. Aber ich meine, er wäre in Amerika zugrunde gegangen. Er hätte die amerikanische Mentalität nicht ausgehalten.

Krichbaum: Er hätte nicht, wie Thomas Mann, im Exil an seinem Thema weiterarbeiten können?

Ende: Ich meine nicht. Es wäre vielleicht auf die Leute angekommen, auf die er dort gestoßen wäre, die ihm einen Neuanfang ermöglicht hätten. Aber die kannte er ja nicht. Er hatte zwar diese Beziehung zum Carnegie-Institut, zu Mrs. Wightler, die immer kam und sich Bilder für ihre Ausstellungen aussuchte. Aber das war eben die einzige Beziehung zu Amerika. Und außerdem, in der wirklich großen Armut, in der wir lebten, stand das überhaupt nicht zur Diskussion. Es gab keine Möglichkeit, auszuwandern. Er hatte dieses Atelier da in der Kaulbachstraße in München, praktisch ein Speicher, den er sich ausgebaut hatte. Und der kostete dementsprechend nur wenig Miete. Es gab keinen Gedanken, irgendwo anders hinzugehen.

Krichbaum: Könnte es sein, dass Ihr Vater diese permanente Zuspitzung der politischen Situation in Deutschland als solche gar nicht richtig erkannt hat und letztlich meinte, dass sich das schon wieder einpendeln werde.

Ende: Nein, das hat er wirklich erkannt. Die ganze Richtung, die war ihm mehr als klar, alles, was da kommen würde. Das war schon deswegen klar, weil ja viele Freunde ins Ausland flohen oder später dann, als sich die Nachrichten häuften, dass dieser und jener abgeholt und ins KZ gebracht wurde – also, was KZ bedeutete, das wussten wir natürlich. Wenn heute manche Leute sagen, sie haben nicht gewusst, was ein KZ ist, dann sage ich nur, dann wollten die es eben nicht wissen. Wer es wissen wollte, wusste es. Und wir wussten auch, was dort passierte. Umso größer war die Angst. Mein Vater war ein schüchterner Mensch. Er war jemand, der von vornherein so etwas wie Lebensangst mitbrachte. Und durch die damalige Zeit war er natürlich erst recht in die Ecke gedrängt. Und für mich wurde das zu einer Erfahrung, die ich nie richtig überwunden habe. Überwunden ist das falsche Wort: die mir geblieben ist als Bewusstseinshintergrund. Diese verschiedenen Welten, wenn Freunde kamen und was dann gesprochen wurde im Haus und was draußen vor sich geht, dass da zwei unvereinbare Welten waren; dass ich um keinen Preis, wenn ich mit meinen Spielkameraden auf der Straße war, irgendetwas, kein Wort von dem sagen durfte, was zu Hause gesprochen wurde. Denn das war mir schon als Kind klar geworden, dass das dann fürchterliche Konsequenzen haben würde. Und dieses Gefühl einer Zweiteilung zwischen einer intimen, familiären, inneren Welt und einer in jeder Hinsicht feindlichen, bösen Welt dort draußen – das ist mir bis zu einem gewissen Grad bis heute geblieben.

Krichbaum: Dieser Gedanke dürfte besonders musischen Menschen sehr vertraut sein. Ich für meinen Teil könnte ihn direkt übernehmen, trotz aller Beschränkungen, die das bedeutet. Im Übrigen meine ich, dass man es aus Ihren Texten herauslesen kann. So wie man es den Bildern Ihres Vaters ansehen kann. War Ihr Vater, um noch einen Schritt weiterzugehen, ein Melancholiker?

Ende: Ja, das war er. Und es kam vor, dass er tagelang im Bett liegen blieb, sich zur Wand drehte und nicht mehr wollte. Sich bewusst ausgeschlossen hielt. Was meine Mutter manchmal sehr übel nahm, weil sie nun wiederum ein sehr tapferer und eher kämpferischer Mensch war. Und sicher ist, dass meine Mutter ihn in diesen Zeiten weitgehend über Wasser gehalten hat, wenn er nicht mehr wollte und nicht mehr konnte. Wenn er sozusagen generell in Lebensstreik getreten war.

Krichbaum: Es gibt bei Künstlern so etwas wie eine kreative Depression, die auf andere sehr schlimm wirkt, die aber zum Teil notwendig ist, um gewissermaßen alles wieder in sich setzen zu lassen. Aber danach, oft nach kurzer Zeit, bricht dann wieder dieser schöpferische Wille hervor und oft dann mit einer Fülle von Aktivitäten, die jeden Außenstehenden sehr verblüffen.

Ende: So war es auch da. Denn er hat ja trotz allem immer wieder gemalt, sich aufgerichtet und weitergemacht. Und die Zeiten, in denen er dann richtig an der Arbeit war, das waren eigentlich immer sehr schöne Zeiten. Dann war das Haus durchdrungen von einer positiven und guten Atmosphäre, es wurde lebendig. Und die ganze Familie hat natürlich mitgefeiert, jedes Bild, das entstand, und die Freunde, die kamen, haben das mitgefeiert, und oft saß man dann eben bis früh morgens vor dem Bild, und auch ich als Sieben- oder Achtjähriger war mit dabei und habe nur das Bild angesehen und mich daran gefreut.

Krichbaum: Ohne jegliche Diskussion?

Ende: Das weniger. Es gab keine Diskussionen über diese Bilder, es war eher eine Art des sich Hineinträumens in die Bilder: Erzählen, was einem dazu einfällt, zu dem Bild. Auf der anderen Seite war mein Vater schon ein großer Diskutierer, der sich gern äußerte, aber doch hauptsächlich über philosophische Fragen, weil er sich mit diesen Dingen sehr viel beschäftigte, auch mit religiösen Fragen. Darüber konnte man mit ihm stundenlang diskutieren. Das hat er sehr genossen, das tat er sehr gern.

Krichbaum: Aber er hat nicht darüber gesprochen, was er mit seinen Bildern aussagen wollte, da gab es keine Interpretationshilfen?

Ende: Nein. Genau da hat er grundsätzlich einen Strich, eine Trennungslinie zwischen den beiden Seiten gemacht. Das eine waren sozusagen erkenntnistheoretische Aspekte, die auch die Kunst einschließen konnten. Das andere war die Kunst selber, die, die er machte, das blieb tabu. Über Kunst generell konnte man außergewöhnlich gut mit ihm reden. Und er hatte da sehr dezidierte Meinungen: Was das Wesentliche eines Bildes ausmacht u. d. m. Aber er wollte nicht so gerne zulassen, dass man das nun direkt auf seine Bilder übertrug, dass man sie vor Ort interpretierte. Das heißt, er hatte eigentlich nichts dagegen, wenn jemand kam, der angesichts des Bildes seine Meinung äußerte und eine Interpretation ablieferte. Da hat er schon mit großem Interesse zugehört. Nur er hat sich eben nicht dazu geäußert, sondern nur ermunternd genickt. Und das versteht sich auch, denn es ging ja ganz anders vor sich bei ihm …

Krichbaum: Seine Bilder waren nicht das Ergebnis eines Gedankenprozesses?

Ende: Nein. Das heißt, inwieweit seine Bilder das Ergebnis von Gedankenprozessen waren, weiß ich nicht, das möchte ich nicht so kategorisch verneinen. Aber wenn, dann geschah es nicht auf direktem Wege. Seine Beschäftigung mit philosophischen und religiösen Fragen (und zwar die Religionen der ganzen Welt) war sehr intensiv. Dazu kam die Auseinandersetzung mit der Anthroposophie, soweit das zu der Zeit überhaupt möglich war. Das konnte man ja nur in Form von Samisdat haben. Meistens kannte man irgendjemanden, der mal wieder einen Vortrag von Steiner abgetippt hatte – das waren also kostbare Manuskripte, die man da bekommen konnte. Damit hat er sich sehr ausführlich beschäftigt. Aber auch mit den Alchimisten zum Beispiel. Oder mit den Mythen der Inder. Das hat ihn angeregt. Das hat etwas in ihm in Bewegung gebracht. Und das fand dann wohl auch teilweise Eingang in seine Bilder. Aber nie so, dass er jetzt eines dieser Themen, ein rational beschreibbares Thema, zu behandeln versucht hätte auf seinen Bildern. Dieser Umsetzungsprozess ging irgendwo anders vor sich: in einer inneren Bewusstseinsschicht. Von dort tauchte es wieder auf, selbstständig, durch seine Art des Bilderfindens, wenn er sich eingeschlossen und alles verdunkelt hatte.

Krichbaum: Kann ich noch mal auf den vorhergehenden Gedanken zurückkommen, auf diese Beschäftigung mit esoterischen Schriften. Das alles macht auf mich den Eindruck, als ob er das lediglich als Bestätigung einer längst gewonnenen Haltung genommen hat. Es hat ihn vermutlich kaum verändert. Er hat das akzeptiert, was er brauchen konnte – Stichwort Steiner. Dort wo Steiner sich kunsttheoretisch äußert, knipst Ihr Vater, salopp gesprochen, die Leselampe aus. Wo mir etwas unbehaglich wird, ist dieser häufige Hinweis auf die Mythen und Religionen und …

Ende: Also, für meinen Vater gab es überhaupt keinen Zweifel daran, dass es hinter der Welt der sinnlichen Wahrnehmungen eine oder viele andere Welten gibt, die wir zwar mit den Sinnen nicht wahrnehmen können, die aber ebenso wirklich sind, oder vielleicht sogar viel wirklicher. Und die Kunst stellte sich ihm als Brücke dar, als eine Brücke hinüber zu dieser anderen Welt. Und die sogenannten surrealistischen Elemente in seinen Bildern (ich sage bewusst »sogenannte«, weil man unter Surrealismus ja eben nur das versteht, was von André Breton als solches bezeichnet und in seinem Manifest formuliert wurde), also diese überraschenden Zusammenfügungen oder diese scheinbar paradoxen Zusammenfindungen auf seinen Bildern, resultierten für ihn aus der Überzeugung, dass in den geistigen Welten die Dinge sich eben ganz anders darstellen und dass man diese, wenn man es auf einem Bild sichtbar machen wollte, eben nur durch solche merkwürdigen Zusammenfindungen erreichen konnte. Es ging ihm also dabei nicht so sehr um das Einzelne, das dargestellt ist, sondern um die Spannung, die zwischen den Dingen entsteht. Das wäre das, was die Welt durchsichtig macht und zu der anderen Seite hinführt …

Krichbaum: Aber mit dieser Erkenntnis kann man doch kaum arbeiten. Mir kommt das eher wie eine Haltung vor, die vorzüglich Diskussionen vorantreibt …

Ende: Die jedenfalls in Diskussionen vertreten wurde und die zugleich die eigentliche Voraussetzung seiner ganzen Arbeit war. Aber natürlich während der Arbeit völlig beiseitegelassen wurde. Er hat sich im übrigen sehr gewehrt gegen gewisse esoterische Auffassungen von Kunst, die im Prinzip darauf hinauslaufen, dass die geistige Welt sozusagen direkt dargestellt werden müsse, dass also Kunst nichts anderes sei, als die Darstellung der geistigen Welt mit sinnlichen Mitteln. Das war seiner Meinung nach Unfug, das sei nie möglich. Denn die Welt der sinnlichen Wahrnehmung ist eine – und die dahinter stehende geistige Realität ist eine ganz andere. Und wenn ich das übersetzen will in sinnlich Wahrnehmbares, da muss ich etwas völlig anderes machen. Dann muss das Wahrnehmbare so gestaltet werden, dass es mit der äußeren wahrnehmbaren Welt nichts mehr zu tun hat. Erst dadurch entsteht etwas im wahrsten Sinne des Wortes Selbstständiges. Für ihn war es außerordentlich wichtig, dass die Kunst tatsächlich eine selbstständige Schöpfung des Menschen ist, die weder in dieser noch in jener Welt ein Vorbild hat.

Krichbaum: Jetzt wird es schwierig; vor allem: Wie kam er dann, ohne diese auffindbaren Vorbilder, zu seinen Bildfindungen?

Ende: Ich habe das schon einmal versucht zu beschreiben, in einem Aufsatz. Diese Fähigkeiten hatte er von Anfang an. Das brauchte er sich nicht zu erwerben. Er brauchte sich nur, wie er sagte, ganz leer zu machen. Er brauchte nur eine Art von leerem Bewusstsein herzustellen, dann tauchten vor seinem Auge Bilder auf. Er beschrieb das richtiggehend als ein Vorbeiziehen von Bildern.

Krichbaum: Hat er sich für diesen Prozess irgendwelcher Hilfsmittel bedient?

Ende: Nein. Da musste er sich nur hineinversetzen.

Krichbaum: Und wie hat er das gemacht?

Ende: Er hat das Atelier verdunkelt, niemand durfte mehr herein. Er hat sich auf das Sofa gelegt und gewartet.

Krichbaum: Wie in einer Dunkelkammer. Und worauf hat er gewartet?

Ende: Er saß in seiner Dunkelkammer, manchmal für 24 Stunden oder noch länger, und hat dort stillschweigend auf die Bilder gewartet. Manchmal waren es Bilder, die, wie er sagte, sich bewegten, manchmal waren es auch starre Bilder, die gestochen scharf auftauchten, wenn er dieses leere Bewusstsein hergestellt hatte. Und dann hatte er sich einen Bleistift konstruiert mit einer kleinen Lampe darauf, die er bei Bedarf anknipsen konnte …

Krichbaum: Moment, das leere Bewusstsein; wie entsteht so etwas?

Ende: Das ist eine Art Meditationsvorgang: einfach das Bewusstsein leer machen von allen Gedanken …

Krichbaum: Um so die Visionen hereinzulassen, die nicht von ihm selbst sind, die aus dem Irgendwo kommen?

Ende: Ja. Und er hat auch gespürt, es da mit etwas Objektivem zu tun zu haben.

Krichbaum: Das heißt, er hat sich wie ein Medium verhalten.

Ende: Wie ein Medium insofern nicht, als das Medium ja ein Mensch ist, der, wenn er in Trance ist, also nicht bei Bewusstsein ist, nicht auswählen kann. Im okkulten Sinne versteht man ja normalerweise unter Medium einen Menschen, bei dem das Bewusstsein ausgeschaltet werden kann und aus dem dann das Andere spricht. Dem er dann auch ausgeliefert ist. Mein Vater hingegen blieb bei wachem, allerdings »leerem« Bewusstsein, sodass er sich die vorbeiwandernden Bilder anschauen und auswählen konnte. Wobei, wie er immer sagte, viele belanglose Bilder vorbeizogen, die man nicht hätte festhalten müssen. Aber wenn dann mal ein Bild dazwischen war, wo er vom Gefühl her den Eindruck hatte, das sagt was, das ist wichtig, dann hat er das Lämpchen auf dem Bleistift angeknipst und sich eine kleine Skizze gemacht.

Krichbaum: Das sind diese kleinen Postkarten, die wir bei Helmut Rauhut gesehen haben.

Ende: Exakt. Diese postkartengroßen Skizzen, eigentlich nur Annotationen, hat er in großen Mengen hergestellt. Manchmal sogar schon mit Farbangaben oder Beschreibungen von konkreten Dingen.

Krichbaum: Also waren es farbige und zugleich realistische Bilder, die vor ihm auftauchten.

Ende: Mit sehr starken Farbeindrücken verbunden. Die Bilder waren farbig. Und dann kam er von solchen Beutezügen manchmal mit Hunderten von Skizzen zurück. Die hat er dann meistens in einen Schuhkarton getan und dann lange Zeit nicht mehr angeguckt. Und wenn er dann mal Lust hatte zu malen oder zu zeichnen, hat er sich die Skizzen rausgeholt und darin herumgeblättert, bis er eine fand, die ihn nun gerade anregte. Und dann ging der eigentliche Prozess erst los. Zuerst wurde eine Zeichnung von der Skizze gemacht, die um ein Vielfaches größer war. Und bei diesen Zeichnungen fing er dann auch an, die Sachen zu modifizieren, dort etwas wegzulassen oder an anderer Stelle etwas aus kompositorischen Gründen hinzuzufügen. Danach, wenn ihn die Sache noch weiter interessierte, hat er die Zeichnung auf eine Leinwand übertragen. Wobei natürlich auch da noch modifiziert wurde. Viele Bilder sind allerdings nicht über das Stadium der Zeichnung hinausgelangt, manche blieben für immer Skizzen. Doch die, die auf die Leinwand übertragen waren, wurden sehr akkurat ausgeführt. Da kamen auch Figuren hinzu, wurden verkleinert oder vergrößert oder anders hingestellt. Doch alles unter dem Aspekt, die eigentliche Bildidee zu erhalten. Die war und blieb für ihn geheimnisvoll. Und er sagte immer, dass er nur dann wirklich schöpferisch werden könne, wenn dieses Gefühl des Geheimnisvollen einkehre. Und das hat er natürlich sehr stark zu bewahren versucht. Von der Skizze über die Zeichnung bis zum Gemälde, an dem er dann im Allgemeinen Wochen arbeitete.

Krichbaum: So, wie Sie es beschreiben, kommt mir Ihr Vater wie ein Archäologe vor, der in fremdem Grunde gräbt, von dem er nicht weiß, wie tief und wie groß er ist, und dort Dinge zutage fördert, von denen er nicht weiß, wer sie erschaffen hat …

Ende: Wissen Sie, das Problem, wenn man das zu erklären versucht, liegt immer darin, dass man heute, wenn man von Bewusstsein spricht, sofort an das rein intellektuelle Bewusstsein des Menschen denkt. Genau das hat er aber ausgeschaltet. Also das intellektuelle Umsetzen in Begrifflichkeit. Er sagte, dass man sich das verbieten müsse, weil man dadurch den eigentlichen Schöpfungsprozess zerstöre.

Krichbaum: Das zu akzeptieren fällt nicht leicht.

Ende: Für ihn gab es eine Bewusstheit als Folge der Ausschaltung des begrifflichen Denkens. Was meines Erachtens sogar eine größere Bewusstseinsanstrengung verlangt. Das geschieht ja nicht von allein. Also er ist nicht einfach in Trance verfallen und hat dann irgendwas gemalt. Sondern er hat die Situation der Leere ganz bewusst hergestellt, eine innere Haltung, eine Willensanstrengung, um an diese fernen Dinge heranzukommen. Und er hat während des ganzen Prozesses versucht, diese nicht-begriffliche Bewusstheit aufrechtzuerhalten.

Krichbaum: Gut, wenn er so vorgegangen ist, kann er nur wenig in seinen Bildern gemeint haben. Es können dort keine Symbole sein. Symbole werden bewusst eingesetzt, bedeuten etwas, meinen etwas. Bei ihm war es dann etwas anderes, das seine Meinung kundtat.

Ende: Im üblichen Sinne haben Sie natürlich recht. Aber in seinem Sprachgebrauch hat er ganz stark unterschieden zwischen Allegorie und Symbol. Er sagte immer, zum Beispiel die *Justitia,* wie sie im Allgemeinen dargestellt wird, ist eine Allegorie. Da kann man jede Einzelheit in einen abstrakten Begriff umsetzen. Also das Schwert, die Waage, die verbundenen Augen. Das ist die Darstellung eines begrifflichen Konzepts in bildlicher Form. Das ist sozusagen postbegrifflich. Da wird ein Begriff wiederum in ein Bild umgewandelt. Doch ihm ging es um etwas anderes. Für ihn ging es um das Symbol, wie Sie schon angedeutet haben, aber um das wirkliche Symbol.

Krichbaum: Ich glaube, das müssen Sie etwas deutlicher machen.

Ende: Also, ein Kelch, eine Fahne, ein Löwe, ein Adler, das war etwas für ihn, das vor dem begrifflichen Denken kommt, aus dem das begriffliche Denken sich erst heraus entwickelt hat. Deswegen war der Begriff für ihn eigentlich ein getötetes Bild. Erst wenn das Bild, was vorher da ist, was lebendig ist, was vieldeutig ist, erst wenn das in einen Sterbeprozess hineinkommt und schließlich abgetötet ist, ist man beim Begriff gelandet. So gesehen ist der Begriff ein totes Bild. Und was ihm daran wichtig war, das war das Zurückgehen hinter diesen ganzen Prozess, um genau dorthin zu kommen, wo die Ideen noch lebendig sind, wo sie eigentlich herkommen. Und die Ideen waren für ihn eben sehr, sehr viel mehr als der Begriff. Also wenn er dann zum Beispiel einen Löwen malte, dann ist das immer der Löwe schlechthin, also alles andere als ein ganz bestimmter Löwe.

Krichbaum: Also auch kein Symbol für Macht oder dergleichen.

Ende: Nein, wenn schon, dann eher die platonische Idee des Löwen, wenn Sie so wollen, die Löwheit. Und wenn er auf seinen Bildern einen Menschen darstellte, dann ist das analog zu dem, was ich vorhin sagte, das Zeichen für Mensch, es ist Menschheit. Eben kein bestimmter Mensch oder eine bestimmte historische Figur oder gar eine lebende Persönlichkeit. Es ist eben einfach nur die Idee Mensch, die dort abgebildet ist. Aber nun – was ist eine Idee? Das ist heute kaum noch zu erklären, das stößt sofort auf furchtbar viele Missverständnisse. Denn das heutige Denken verwechselt ja ständig Idee mit Begriff. Am ehesten kann man vielleicht sagen, das, was man im platonischen Denken noch eine Idee nannte, dass es das eigentlich war, worum es ihm zu tun war.

Krichbaum: Dann müssen wir also den Begriff Symbol streichen und …

Ende: Nein. Symbol, das geht, aber nur in dem Sinn, wie es das Wort selber sagt, also wörtlich: Das Zusammenfallen, das Zusammenwerfen zweier Dinge, nämlich eine äußere Erscheinung mit einer geistigen Realität dahinter, die in eins zusammenfallen. In diesem Sinne ja. In diesem Sinne sind es Symbole, die er malt. Aber er würde wahrscheinlich gesagt haben, alles ist Symbol. Alles auf der Welt. Nach dem Motto: Alles Vergängliche ist nur ein Gleichnis. Wenn wir die Welt, die wir wahrnehmen um uns herum, wenn wir sie richtig lesen, dann ist eigentlich alles, was wir wahrnehmen, Ausdruck einer geistigen Realität, die dahinter steht.

Krichbaum: Auch das würde ihn nicht zum Symbolisten machen?

Ende: Die Schwierigkeit ergibt sich für mich daraus, dass man unter Symbolisten in der Kunstgeschichte wieder etwas ganz Spezielles versteht. Aber wenn Sie es im Sinne der von Füssly oder Blake gemalten Werke meinen …

Krichbaum: »Man muss nur malen, was man noch nie gesehen hat und was man nie sehen wird.« Wenn man an diesen Satz von Corbière denkt, würden auch Khnopff, Klinger und natürlich Moreau akzeptierbar.

Ende: In diesem Sinne, ja.

Krichbaum: Und dazu die Vorläufer, die Präraffaeliten.

Ende: Durchaus. Und auch dieser Franzose, den er sehr geschätzt hat, der den Zyklopen gemalt hat, na …

Krichbaum: Sie meinen Redon?

Ende: Ja. Bei dem gibt es das, was er auch an Füssly und Blake sehr gemocht hat, nämlich das mystische Element. Und alle drei sind auch Mystiker, für die die eigentliche Realität die geistige Welt ist, die hinter der äußeren Erscheinung steht.

Krichbaum: Deshalb sprach ich das an. Denn bei den Surrealisten fehlt die mystische Komponente, während sie bei den phantastischen und erst recht bei den symbolistischen Malern prinzipiell vorhanden ist. Dennoch, so weit ist das alles nicht auseinander. Es gibt von Max Ernst diese Bemerkung, mit der er sich und die surrealistische Malerei definiert und die sinngemäß lautet: Die passive Rolle des Künstlers, die automatische Projektion der optischen Inspiration auf die Leinwand, das Ende des künstlerischen Schöpfertums, die Verbannung von Verstand, Geschmack und bewusstem Willen aus dem Entstehungsprozess des Kunstwerks führt zu surrealistischen Bildern. Das ist, für sich genommen, eine konkrete Beschreibung, die sich mit der Vorgehensweise Ihres Vaters deckt, zumindest so, wie Sie sie dargestellt haben.

Ende: Ja, aber sehen Sie nicht das Wörtchen *passiv*? Ich weiß genau, hier hätte mein Vater sofort protestiert. Das ist natürlich ein sehr feiner Unterschied, um den es da geht. Das ist wie das automatische Schreiben bei den Surrealisten, manchmal sogar unter dem Einfluss von Drogen, bei denen man dann einfach alles heraussprudeln lässt, absichtlich auf jede kreative Kritik verzichtet und sich einem halb bewussten Zustand ergibt. Und genau das hätte er nicht gemacht.

Krichbaum: Ich glaube auch nicht, dass die Surrealisten es so gemacht haben. Die haben das vielleicht so machen wollen und haben es deswegen in Manifeste gegossen. Trotzdem, allen Bildern sieht man den formenden, den ästhetischen Willen an. Da ist alles glücklich arrangiert, und auch die Farben sind niemals zu grell. Deswegen hängt man das heutzutage auch so gern ins Vestibül.

Ende: Es werden dabei eben immer zwei Dinge vergessen. Nämlich erstens, dass der jeweilige Maler ja eine eigene ästhetische Formation bereits mitbringt, wenn er in diesen Prozess einsteigt. Und nun die Formation selber sprechen lässt. Und zweitens, dass das Malen eines Bildes ja im Allgemeinen nicht so blitzgeschwind geht wie das Verfertigen eines Textes. Drei Seiten automatischen Text, das kann man so fabrizieren, das kann man einfach so laufen lassen. Aber ein Bild entsteht halt nicht so. Ich kann nicht links oben anfangen und unten rechts aufhören. Und auch Max Ernst hat das mit Sicherheit nicht getan. Gerade er hat ständig neue, im eigentlichen Sinne ästhetische Entdeckungen gemacht. Von seinen Collagen bis hin zu seinen Frottagen. Und die sind alles andere als unbewusst entstanden oder halb bewusst. Aber auch da wird wieder einiges verwechselt: Bewusstsein, bewusstes Herstellen, bewusstes Machen; da wird Aktivität mit begrifflicher Interpretation verwechselt. Das liegt für unser heutiges Bewusstsein so nah beieinander, dass wir es nur mit Mühe unterscheiden können. Max Ernst würde sich vermutlich gesträubt haben, wenn man ihn gezwungen hätte, eine seiner Collagen zu interpretieren, so in der Art: Nun sagen Sie uns mal, was soll das bedeuten. Er hätte sicher gesagt: Weiß ich nicht – oder: Das interessiert mich überhaupt nicht, was das bedeutet. Es geht doch etwas aus von diesem Bild, sehen Sie das nicht? Das würde er vielleicht gesagt haben.

Krichbaum: Mit anderen Worten, der Satz Ihres Vaters, dass sich nicht der Maler, sondern vor allem der Betrachter die Gedanken machen sollte, der könnte auch von Max Ernst stammen.

Ende: Der könnte sicher von Max Ernst kommen. Der könnte auch von Picasso kommen.

Krichbaum: Was mich in diesem Zusammenhang interessiert: Hat Ihr Vater diese für den Schaffensprozess und für die Selbsteinordnung von Künstlern doch wesentlichen Fragen mit anderen Künstlern besprochen?

Ende: Oh ja. Wobei er es mit den Kollegen nun gerade besonders schwer hatte. Das ist ja klar, weil jeder Kollege wieder seinen eigenen Weg ging und ganz andere Kunstkonzepte hatte. Dennoch, mit den Kollegen und vor allem auch mit Schriftstellern, etwa mit Friedhelm Kemp, der uns häufig besuchte und von der Seite der Dichtkunst und Poesie viel in die Gespräche hineingebracht hat, da gab es oft nächtelange Diskussionen über Kunst. Er hat immer wieder sehr gern darüber geredet, zumal er ja auch Stoff für seine eigenen Theorien brauchte; das wurde alles in Gesprächen quasi erprobt. Sie werden vermutlich seine Notizen kennen, in denen er sich darüber äußert, was zum Beispiel zu einem »vollständigen« Bild gehört …

Krichbaum: Sie meinen die Quadrat-Skizze?

Ende: Die auch. Er hat da ein Schema entwickelt und das mit größter Hartnäckigkeit erklärt. Dabei war er kein sehr geschickter Diskutierer. Aber er konnte sehr hartnäckig sein, geradezu bockig, wenn es um die Darlegung seines Konzeptes ging.

Krichbaum: Gab es zu dieser Zeit schon Mitstreiter, andere Künstler, die seine Auffassungen teilten?

Ende: Das hätte ihn sicher gefreut, wenn es die gegeben hätte. Es ist ihm aber nie gelungen. Nach dem Krieg war er ja mit Mac Zimmermann in der Neuen Gruppe zusammen. Trotzdem, gerade mit Mac Zimmermann konnte er sich nicht besonders gut verstehen. Der Ansatz von Zimmermann war ein grundsätzlich anderer, der kam aus der entgegengesetzten Richtung.

Krichbaum: Aber es gab ja noch andere Gruppen, bei denen er mitgemacht hat. Beispielsweise die Gruppe Fantasmagie, die einige viel beachtete Ausstellungen gemacht hat, an der auch Künstler wie Radziwill, Rauh und Bucaille beteiligt waren.

Ende: Ich sage ja, er hat es immer versucht. Auch mit Fabius von Gugel zusammen. Wo er dann, vielleicht unnötigerweise, zu viel Distanz zu wahren versuchte. Aber, dass man sich in einer Gruppe zusammenfindet, bei der alle in dieselbe Himmelsrichtung schauen, das war ihm schon ein Anliegen. Aber vielleicht hat er sich für seinen Teil zu viel davon versprochen …

Krichbaum: Es gab ja auch, zugespitzt formuliert, reine Zweckbündnisse, die er einging, um an bestimmten Ausstellungen teilzunehmen. Und da fällt auch dem wenig eingeweihten Betrachter sofort wieder auf, in welcher ausgezeichneten Nachbarschaft er sich da bewegte. Ich erinnere nur an die von Edgar Jené für das Saarland-Museum organisierte Ausstellung, wo neben den Bildern Edgar Endes die Werke von Labisse, Man Ray, Matta, Max Ernst und René Magritte hingen. Und ich glaube, dass auch Dalí beteiligt war. Irgendwie geht das alles für mich nur schwer zusammen. Man kann diese Liste beliebig verlängern. Es gibt nämlich auch Ausstellungen, wo Nagel, Wunderlich und Schulze beteiligt waren und natürlich Richard Oelze, wo es von Ihrem Vater ein Bild gibt, das im K. Thienemanns Verlag hängt, ich glaube es heißt *Die Letzten,* das fast schon eine Art Hommage ist. Und dann natürlich das Stichwort Schlichter. Sehr delikat aus heutiger Sicht. Rudolf Schlichter. Im meistverkauften Kunstlexikon, dem Kindlers Malerei Lexikon, ist Ihr Vater mit 2 ½ Seiten und Abbildungen vertreten, während sein freundschaftlicher Bekannter Rudolf Schlichter völlig fehlt.

Ende: Tatsächlich?

Krichbaum: Nur als Beispiel. Aber die Kollwitz fehlt auch. Was ich jedenfalls nicht begreife, dass das Werk Ihres Vaters im kunsthistorischen Bewusstsein unserer Kritiker und Museumsleute nicht vorhanden ist.

Ende: Das ist mir auch unbegreiflich. Ich würde das noch verstehen, wenn mein Vater ein Eklektiker gewesen wäre. Wenn er also einer von denen gewesen wäre, von dem man gesagt hätte, na ja, mein Gott, er malt wie der und der, bloß ein bisschen schlechter. Aber er zählte zu denen, die von vornherein eine sehr originäre Welt hingestellt haben, die sich so ohne Weiteres mit irgendeiner anderen nicht vergleichen lässt. Wie gesagt, diese Missachtung verstehe ich bis heute nicht.

Krichbaum: Ich muss gerade an eine Kritik denken, an diesen Vorwurf, den man Ihren beiden letzten Büchern machte, dass Sie dort eigentlich sehr einfach und leise und ohne den großen Verkündigungsgestus auftreten. Im Klartext: Dass Ihre Aussage sehr einfach ist und die Qualität vom Leser gewissermaßen erst hineingelesen wird und er dann seine selber eingebrachte Qualität für die Qualität des Autors hält. Das könnte eine Parallele zu den Bildern Ihres Vaters sein, dass diese Bilder unabdingbar Rezipienten brauchen, die in der Lage sind, in einen Dialog mit den Gemälden zu treten, um so die Bedeutung der Gemälde zu entschlüsseln. Also: Dass wir mit einer größeren Rezeption der Werke Edgar Endes rechnen können, wenn der Betrachter dort in der Lage sein wird, eben das mit den Bildern zu tun, was andere mit den Büchern des Sohnes tun.

Ende: Das ist richtig. Denn es ist sowohl bei meinem Vater als auch bei mir immer ein Ziel gewesen, dass das Bild beziehungsweise die Geschichte erst fertig wird im Betrachter respektive im Leser. Und vielleicht liegt darin sogar ein neuer Kunstansatz, ein neuer Ansatz von Literatur- und Poesieverständnis. Man hat sich heute ein bisschen daran gewöhnt, dass der Autor jemand ist, der hauptsächlich *sich* erklärt, der seine Weltanschauung, *seine* Gedanken, *seine* Gefühle genau erklärt. Und dem Leser bleibt dann eigentlich gar nichts anderes übrig, als sie zur Kenntnis zu nehmen und bestenfalls da und dort zu sagen: Ja, so geht es mir auch, oder darüber denke ich ganz anders. Im Großen und Ganzen verharrt der jetzige Leser in einer konsumtiven Haltung. Während es mir gerade darum zu tun ist, Bildergeschichten zu finden, die genau das offenlassen, d. h. die den Leser eintreten lassen, um ihn zum Mitwirkenden zu machen. In diesem Sinne hat sich auch mein Vater mal geäußert, in einem Brief oder in irgendeiner seiner Notizen, wo er sagt, dass ein Bild erst fertig wird im Betrachter. Es darf vorher noch nicht fertig sein. Wenn es an der Wand schon fertig ist, dann ist es verschlossen, dann ist es zu. Dann findet ein ganz bestimmter Prozess, der für ihn wichtig war und der auch für mich wichtig ist, gar nicht mehr statt. Dann kann der Betrachter eigentlich nur noch davorstehen, das Bild bewundern oder auch nicht bewundern, aber er bleibt ausgeschlossen aus dem ganzen Prozess. Für mich ist ein Buch so etwas Ähnliches wie ein Dialog mit dem Leser. Und die Brücke dazu ist die Geschichte, die ich geschrieben habe. Und wenn das Buch richtig ist, wenn es als Brücke funktionieren soll, dann muss es ermöglichen, dass der Leser seinen Teil mitbringt, sonst bleibt das Ganze lediglich ein Gespräch von oben nach unten. Sonst sitzt der eine da und muss immer zuhören, und der andere gibt seine gesamten Weisheiten von sich. Aber genau das möchte ich vermeiden. Und so ist es auch mit den Bildern meines Vaters. Im Gegenteil, ich möchte beinahe sagen, dass er sogar einen kleinen Widerstand eingebaut hat, den der Betrachter erst mal überwinden muss, um überhaupt da reinzukommen. Aber dieser überwundene Widerstand ist es dann auch, der die Kraft gibt, wirklich in das Bild erlebnismäßig einzusteigen. Im Übrigen, um auf die von Ihnen zitierte Kritik zu kommen, in der, glaube ich, auch noch drinsteht: Kafkas Geschichten wären gut, auch wenn niemand sie liest, Endes Geschichten brauchen den Leser, um gut zu sein. Das ist Quatsch. Aber ich glaube, ich weiß, was der Kritiker meinte (man muss ja oft versuchen zu verstehen, was Kritiker meinen, weil sie sich manchmal nicht recht ausdrücken können), also was er vermutlich meinte, was er spürte, das war die Bezogenheit auf die Mitarbeit, auf die Anregung eines schöpferischen Vorgangs beim Leser. In diesem Sinne berufe ich mich gern auf die Märchen oder Mythen. Ich habe nicht umsonst bei denen angeknüpft und mein Vater übrigens auch, weil gerade die Märchen – ja gut, wenn man einfach nur so hinstarrt auf die Gestalt eines Märchens, dann bleibt das eine mehr oder weniger unglaubwürdige, eine mehr oder weniger phantastische Geschichte. Wenn Sie aber das Märchen wirklich nacherleben, dann werden Sie merken, dass da etwas in Ihnen in Gang kommt. Da wird ein ganz bestimmter Prozess in Gang gebracht: Ein Bilderprozess, der weit über alles Persönliche hinausgeht. Wo die Erfahrung des Erzählers und die des Lesers oder Zuhörers in gewissem Sinne überholt wird von einer Gemeinsamkeit, die viel wesentlicher und wichtiger ist. Und eben darin steckt für mich das Neue in der gesamten modernen

Kunst. Doch vielleicht hinkt die Literatur dieser Entwicklung noch ein bisschen hinterher.

Zweiter Tag

Krichbaum: Diesen Gedanken von gestern Abend, mit dem Sie auf die Gemeinsamkeit von Künstler und Rezipient als gewissermaßen wichtige Voraussetzung zum Verstehen von Kunst abzielten, diesen Gedanken würde ich gern noch mal aufgreifen. Denn auch ich glaube, dass sich da eine, mit Blick auf die Kunstrezeption früherer Jahrhunderte (Stichwort Renaissance), sehr starke Veränderung bemerkbar macht. Ohne die ja das Verstehen beispielsweise der Werke eines Picasso gar nicht möglich wäre.

Ende: Natürlich. Man kann eben einen Picasso nicht so anschauen wie die Bilder eines Malers der Renaissance. Man würde ihn nicht verstehen. Denn gerade bei ihm wird es ganz deutlich, dass das Bild erst fertig wird im Beschauer. Und er wollte das auch. Das geht sogar aus seiner Arbeitsmethode hervor. Wenn Sie sich noch an den Film von Clouzot erinnern, über Picasso, wo dieser ein Stierkampfbild hundertmal übermalt, einmal wird es Nacht auf dem Bild und es wird wieder Tag und irgendwann ist der Prozess zu Ende, aber die letzte Station ist durchaus nicht die beste, ist nicht die »Ziel«-Station; darunter stecken, im traditionellen Sinne gesprochen, viel viel bessere. Aber darum war's ihm nicht zu tun. Wenn's ihm darum gegangen wäre, das hätte er leicht gekonnt. Frecherweise hat er ja auch mal gesagt: Wie Raffael konnte ich schon mit vierzehn Jahren malen. Das hat manche Leute schrecklich empört. Aber in gewissem Sinne ist es wahr. Wenn es ihm nur darum gegangen wäre, ein fertiges Bild zu machen, dann hätte er das sicher mit vierzehn Jahren schon gekonnt. Es ging ihm ja gerade darum, das Bild *nicht* fertig zu machen. Aber wenn man es so sagt, dann kann da leicht ein Missverständnis entstehen. Dann könnte man ja annehmen, das alles sei ganz beliebig. Dann kann ich eigentlich alles einfach nur so hinsetzen, irgendwas X-Beliebiges, und dann fordern: Nun bist du dran, mach's mal fertig, du Betrachter oder du Leser. Und wenn's nicht Kunst oder Poesie wird, dann ist das eben deine Schuld. So ist es eben nicht. Das lässt sich verbal nur schwer darstellen. Doch wenn man genau darauf achtet, dann gibt es eben Dinge, die setzen sinnlich-geistig etwas in Gang, einen Prozess, der wichtig ist, der künstlerisch ist, der letzten Endes, wie alle Kunst, auf Schönheit hinausläuft, der aber trotzdem prozesshaft bleibt, der nicht abzuschließen ist und der auch nicht definiert werden kann. Natürlich gibt es da sehr große Unterschiede, es ist nicht gleichgültig – in der Musik, in der Malerei, in der Literatur –, welcher Prozess da in Gang gesetzt wird und mit welchen Mitteln das geschieht. Das ist nicht beliebig. Aber das würde jetzt vielleicht zu weit führen.

Krichbaum: Nein, überhaupt nicht. Ich verstehe nicht, warum das zu weit führen sollte.

Ende: Weil es da um etwas geht – man möchte es sich oder anderen immer gern erklären, worum es eigentlich geht –, was sich der begrifflichen Darstellung weitestgehend entzieht. Das kann man in gewissem Sinne nur *machen,* das kann man nicht erklären. Es ist wohl so, wie es mein Vater immer formulierte, dass dieser Prozess geheimnisvoll bleibt und bleiben muss. Aber, um das gleich deutlich zu machen: Das Geheimnisvolle ist nicht einfach nur das Unverständliche, ist nicht beliebig, geheimnisvoll ist nicht gleichbedeutend mit absurd. Geheimnisvoll ist, was in uns Ahnung anregt und lebendig werden lässt. Und aus diesem Ahnungsvermögen heraus wird plötzlich ein schöpferischer Prozess in Gang gesetzt.

Krichbaum: Das heißt, dass der Dialog tatsächlich nicht beliebig ist, auf beiden Seiten nicht. Aber wir hatten ganz zu Anfang des Gesprächs den Satz, dass es für Ihren Vater so viele Betrachtungsweisen eines Bildes gibt, wie es eben Betrachter gibt. Das ist für mich fast ein Widerspruch …

Ende: Das ist nur ein scheinbarer Widerspruch! Lassen Sie mich versuchen, das an einem Beispiel zu erklären. Nehmen Sie den Ödipus-Mythos. Jeder Leser und jeder Interpret wird in irgendeiner Form den Ödipus-Mythos anders auffassen, anders verstehen. Schon allein das, was Sie an Literatur über den Ödipus-Mythos haben, beweist ja, dass man ihn freudianisch oder jungianisch oder auf tausend verschiedene Arten lesen kann. Sie können ihn auch als Initiationsgeschichte lesen. Sie können ihn als die Geschichte einer gesellschaftlichen Wandlung lesen. Sie können ihn lesen wie Sie wollen, es bleibt trotzdem immer Ödipus. Das heißt, es bleibt immer das Bild des Ödipus-Mythos.

Krichbaum: Der Mythos stellt die Außenform dar. Wie man sie füllt, wäre dann eine individuelle Angelegenheit.

Ende: Nicht ganz. Denn im Künstlerischen gibt es ja keinen Unterschied zwischen Form und Inhalt. Den haben nur die Theoretiker erfunden. Aber es gibt das Zusammentreffen des Universalen mit dem Individuellen. Das Individuell-Einzelne spiegelt sich in der universalen Idee. Das soll es auch. Denn genau dadurch entsteht seine Verbindung, seine innere Verbindung damit, die aus dem Akzidentiell-Persönlichen herausführt und damit auf ein Überpersönliches, Gemeinsames zuläuft. Im Ödipus-Mythos können sich wieder alle treffen. Trotz aller individuellen Verschiedenheiten. Ich möchte Ihnen in diesem Zusammenhang noch etwas erläutern, wenn Sie erlauben, weil ich mit diesen Gedanken bereits bei dem Kunstkonzept bin, das ich gerade versuche, zu entwickeln. Das Ganze kommt nämlich aus einer Überlegung, die im Kern geistesgeschichtlicher Art ist. Also ich glaube, dass in Zukunft alles das, was wir als nationale Kulturen bisher hatten auf der Welt (und im Grunde sind alle Kulturen, die wir bisher hatten, nationale Kulturen, also Kulturen, die aus instinkthaft-volksmäßiger, sozusagen genetischer Gemeinsamkeit kommen), diese Kulturen werden mehr und mehr verschwinden. Das wird im Laufe der künftigen Menschheitsgeschichte immer weniger Gewicht haben. Auch wenn man sagt, dass Kultur ja doch entschieden die Gemeinsamkeit von Lebensgebärde ist. Ja, sie ist die Gemeinsamkeit von Lebensgebärde. Kultur kann ja nicht einer für sich alleine haben. Eine Kultur ist etwas, das viele Menschen miteinander haben, was also auf einer Gemeinsamkeit beruht. Aber, wo nehmen wir nun diese Gemeinsamkeit her, in Zukunft? Die instinktive, blutsmäßige Gemeinsamkeit verschwindet, muss sogar verschwinden. Gut, diese Gemeinsamkeit wird dann im Geistigen, in den vorbegrifflichen Bildern zu finden sein. Die sind nämlich merkwürdig ähnlich, bei allen Menschen. Mir hat mal ein japanischer Übersetzer gesagt, dass im Grunde ein Buch wie *Die unendliche Geschichte* für Japaner wesentlich leichter zu verstehen ist als etwa die *Deutschstunde* von Lenz. *Die Deutschstunde* von Lenz ist für Japaner exotisch. Das ganze Milieu, das ihnen dort geschildert wird, können sie nur mit Mühe und Not verstehen. Aber was ein Glücksdrache ist, das wissen sie auch. Oder was das Südliche Orakel ist, das kennen sie auch, das haben sie auch. Denn, Sie werden es feststellen, die sogenannte phantastische Literatur oder die Märchenliteratur oder die Mythen aller Völker, aller Zeiten, sind merkwürdig ähnlich in ihrer Beschaffenheit. Gut, die einzelnen Geschichten sind verschieden. Aber wenn Sie einen Indianermythos nehmen oder einen ägyptischen oder einen griechischen Mythos, werden Sie zugeben, dass die Beschaffenheit dieser Welten merkwürdig ähnlich ist.

Krichbaum: Sicherlich. Aber diesen davor geäußerten Gedanken kann ich nur schwer nachvollziehen, dass die nationalen Kulturen verschwinden werden. Vielleicht müsste man über Zeiträume reden. Jedenfalls meine ich, dass sich die Kultur hierzulande immer stärker ihrer eigenen Wertigkeit und Eigenständigkeit bewusst wird. Sie wird gleichsam von meiner Generation neu entdeckt und als zu uns gehörig empfunden. Dazu kommt die Rückbesinnung auf die Mundarten, die ich zwar durchweg schlimm finde, die ich aber heute fast an jeder Ecke hören kann. Ich würde sogar behaupten, dass sich die nationalen Kulturen noch weiter spezifizieren werden, also keine englische Kultur, sondern eine schottische, walisische usw., keine deutsche Kultur, sondern eine westfälische, schleswig-holsteinische, bayerische usw. Die Rückbesinnung auf die kleinere Zelle im Gegensatz zu dieser größeren Zelle, die nicht überschaubar ist. Außerdem empfände ich die Rückkehr zu den Wurzeln als Verarmung …

Ende: So meine ich das auch nicht. Es ist furchtbar schwierig, darüber zu reden, weil uns das passende Vokabular dazu fehlt. Ich sehe, vielleicht ähnlich wie Sie, mit dem Heraufziehen oder Heranwachsen einer globalen Kultur, einer Menschheitskultur zugleich, auf der anderen Seite, ein Erstarken des Individuellen. Das heißt, im Vergleich zu früheren Zeiten wird der einzelne Mensch ein viel stärkeres Individualbewusstsein entwickeln, hat es schon entwickelt, im Vergleich zum Mittelalter. Im Mittelalter fühlte sich der Mensch noch weitgehend identisch mit seinem familiären Status, auch mit seinem gesellschaftlichen Status. Aus dem ihm sogar ein Selbstwertgefühl erwuchs. Er trug die Tracht, die man in seinem Stand zu tragen hatte, und es war ja sogar verboten, etwa mit einer anderen, nicht dem Status entsprechenden Tracht auf die Straße zu gehen. Heute hingegen geniert sich schon jeder Richter, wenn er mal im Talar über die Straße gehen muss. Irgendwie hat er schon das Gefühl, es geht nicht mehr. Aber, was Sie da über die Mundarten gesagt haben, ich darf das vielleicht aufgreifen, weil ich ja gerade selber ein Dialektstück geschrieben habe: das sind Rückgriffe. Denn man spürt, dass diese alten Dialekte noch sehr viel mehr an Saft und Kraft haben als unser modernes Hochdeutsch, das halt zu einer etwas dürren Begriffssprache geworden ist, im Vergleich zu den Dialekten. Und wenn man nun schon eine alte Legende erzählen will – wie ich im *Goggolori* etwa – nun, dann nimmt man eben auch diesen alten Dialekt dazu. Aber auch die Dialekte sind im Verschwinden und mit ihnen die alten Sitten. Wenn ich mir überlege, was allein noch für strenge, bäuerliche Sitten herrschten auf dem Bauernhof, wo ich als Kind im Sommer hinkam! Das ist heute alles verschwunden …

Krichbaum: Mit der Rückbesinnung auf die Mundart könnte das wiederkommen.

Ende: Meinen Sie? Im Herrgottswinkel steht inzwischen der Fernsehapparat, und dort spricht Herr Köppke zu den heutigen Bauern, und da verschwinden die Dialekte. Natürlich, es gibt gewisse Tendenzen, das noch schnell zu konservieren. Aber das hat immer einen Trachtenvereinscharakter, immer einen musealen Charakter. Weil man das Alte eben noch ein bisschen schön findet, konserviert man es. Aber der Bauer trägt ja keine Tracht mehr. Und die Welt, aus der heraus die Dialekte entstanden sind, ist ja schon längst verschwunden.

Krichbaum: Dann halten Sie die Rückbesinnung auf die Dialekte bloß für eine Attitüde?

Ende: Die Rückbesinnung auf die Dialekte als kulturelles Rettungsmittel wird vergehen, weil die Dialekte vergehen werden. Schauen Sie, es gibt ja heute im Grunde genommen, wenn wir ganz genau hinschauen, überhaupt nur noch eine Zivilisation, und das ist die westlich-abendländisch-industrielle. Egal, wo Sie hingehen, überall werden Sie die industriellen Attribute antreffen. Gehen Sie in die Sahara, in irgendeine Oase, dort werden Sie mit Sicherheit einen Araberjungen mit einem Kofferradio und einer Sonnenbrille finden, oder vielleicht sogar mit einem Moped, wenn er der Sohn des Scheichs ist.

Krichbaum: Das heißt, alle Beeindruckungen durch die eigene alte Kultur und durch andere, durch den Islam, das sich wieder besinnende China, Indien mit seinem Reservoir an Kulturen und Religionen, na, und Bhagwan, das alles bleibt temporär?

Ende: Nun ja, Bhagwan lassen wir mal ganz weg. Gerade mit der Sehnsucht der Menschen nach diesen alten Formen wird ja ein böses Spiel gespielt. Dieses Zurückkehren, Zurückkriechen in einen Mutterschoß, um dort eine Kultur wiederzufinden, wie sie früher mal war, nämlich auf der Basis von Stammes- oder Blutsgemeinschaften, diese ganzen Versuche müssen scheitern. Einer der grauenvollsten Versuche fand ja gerade vor vierzig Jahren in Deutschland sein Ende. Wo man ja auch zurückkriechen wollte in ein altes germanisches Volkstum und meinte, man könnte mit solchen atavistischen Dingen tatsächlich moderne Problematiken lösen. Es muss immer schiefgehen. Es ist dasselbe, was jetzt der Chomeini macht, der wohl auch glaubt, er könne das alles zurückdrehen. Also die Panik vor diesen neuen Problemen ist bei den Menschen so groß, dass viele von ihnen zunächst einmal das Bedürfnis haben, um Himmels willen wieder zurückzukehren, zum guten und vertrauten Alten. Es wird aber nichts nützen. Das gute Alte gibt es nicht mehr. Und auch Chomeini wird Schiffbruch erleiden mit seinem Versuch, Persien ins Jahr 1500 zurückzubringen.

Krichbaum: Noch mal zurück. Sie meinen, dass auf kurz oder lang die ganze Welt westlich orientiert sein wird?

Ende: Alle, ob sie es wollen oder nicht, werden sich mit der westlichen Kultur, also mit der Industriegesellschaft, auseinandersetzen müssen.

Krichbaum: Aber das haben wir, bis zu einem bestimmten Punkt, ja auch gemacht, haben uns auseinandergesetzt mit der indischen Philosophie, mit der japanischen Musik, der chinesischen Reichspolitik …

Ende: Das ist etwas anderes. Wir haben uns nur kulturell damit beschäftigt. Aber schauen Sie sich Japans Probleme heute an oder die von China. Es ist wirklich ein Unterschied, ob ich einen fremden Kultureinfluss aufnehme, weil er mich interessiert, oder ob ich die Formen der Industriegesellschaft übernehmen muss, um zu überleben. Und diese Industriegesellschaft hat nur wenig oder nichts mit Kultureinfluss zu tun. Mir hat man in Japan oft gesagt, wenn ich gefragt habe, wie stellt ihr euch das denn vor, wenn ihr tagsüber Computer baut und abends geht ihr nach Hause und spielt altes Japan, zieht euch den Kimono an und lest oder dichtet Haikus, wie soll das auf die Dauer zusammengehen, da hat man mir geantwortet: Ach wissen Sie, die ganze japanische Kultur besteht eigentlich darin, dass wir fremde Kultureinflüsse amalgamiert haben, dass wir sie uns angeeignet und zu etwas Eigenem gemacht haben. Denken Sie zum Beispiel an den Buddhismus, der dann in Japan zum Zen-Buddhismus wird. Nun, ich meine, das ist etwas anderes. Eine Kulturströmung, wie es ja der Buddhismus war, der über China nach Japan gekommen ist, ist etwas völlig anderes als die Formen der Industriegesellschaft, die heute ja nicht nur die westliche Gesellschaft vor die größten Kulturfragen stellt, sondern erst recht die asiatischen Kulturen, bei denen das der eigenen Mentalität entgegensteht, diese ganzen Dinge sind denen ja einfach aufoktroyiert worden. Auf diesen völlig anderen kulturellen Grund und Boden, auf dieses völlig andere Welterleben ist nun plötzlich diese Industriegesellschaft draufgepflanzt worden. Und es trennt sich fortwährend wie Öl und Wasser, und es geht nicht zusammen. Dort in Asien, Japan, Korea, da wird es noch die größten Probleme geben. China genauso. Obgleich es nicht direkt unter diesen westlich-amerikanischen Einfluss geraten ist. Dafür hat der marxistische Einfluss gesorgt. Aber auch der Marxismus ist westliches Denken, ist Materialismus.

Krichbaum: Also auf der einen Seite sagen Sie, dass sich die Kulturen zurück zu ihren allgemeinen Ursprüngen entwickeln. Auf der anderen Seite sagen Sie, wird das westliche Denken die Welt mit Problemen überziehen.

Ende: Ich rede nicht von einer Zurückentwicklung! Die Formen der Kultur, die ich meine, hat es insgesamt noch nicht gegeben, die können also nicht rückwärts gerichtet sein. Ich glaube, das ist nach vorne gerichtet. Also, das Bild, das, worum es mir hier zu tun ist, ist die Auseinandersetzung mit folgendem Sachverhalt: Dass der Mensch im Vergleich zu früher immer individueller wird, ein Individualbewusstsein ausbildet, was er früher nicht hatte. Früher war er eingebettet in die ererbte alte Spiritualität, in einen gemeinschaftlichen Habitus, der zu den Sitten und Gesetzen und der Ordnung des Lebens hinführte. Ich rede also nicht von einzelnen Kunstwerken, sondern von der Kultur als Gesamtheit, als dem Gemeinsamen, von der Lebensgebärde, die viele Menschen gemeinsam haben. So ist zum Beispiel die Renaissance eine Lebensgebärde, aus der dann nach und nach eine bestimmte Form des Denkens hervorging. Ich bin der Meinung, dass zuerst die Lebensgebärde da ist, und dann kommen die Philosophen, die sie rechtfertigen. Also, in diesem Sinne ist etwa Machiavelli nicht der Begründer der Renaissance, sondern ein Ergebnis der Renaissance. Das Ergebnis einer bestimmten Lebensgebärde. Und diese entstand bei den Völkern, ich möchte eben sagen, aus instinktiven Gründen. Die wurde also nicht überlegt oder bewusst gesucht, die entstand gleichsam »natürlich« aus dem jeweiligen nationalen Temperament.

Krichbaum: Ich glaube, das ist jetzt nicht das Problem, sondern mehr die Frage, was mit diesem westlichen Denken, diesem westlichen, zerstörerischen Einfluss geschieht, und wie sich die anderen, die ihm anscheinend ausgeliefert sind, dagegen wappnen können.

Ende: Lassen Sie mich einen kleinen Bogen machen. Ich glaube nämlich einfach nicht daran, dass sich die ganze alte asiatische Spiritualität, angefangen von der indischen bis hin zum Zen-Buddhismus in Japan, der ja eine der letzten großen spirituellen Entwicklungen in Asien ist, dass das als Weltbild und Menschenvorstellung standhalten wird der Notwendigkeit, sich mit Naturwissenschaft und Technologie und Industrie und den damit verbundenen Lebensbedingungen der Industriegesellschaft auseinanderzusetzen. Da entstehen für diese Religionen ganz neue Problematiken. Und da werden diese Welten in spirituellen Formen keine Antwort drauf geben können. So wenig wie uns jetzt die traditionellen Formen der christlichen Kirchen Antworten geben können auf die Probleme der Computergesellschaft. Sie schweigen halt immer. Sie wissen seit dem 16. Jahrhundert keine Antworten mehr. Was nicht heißt, dass damit die Spiritualität am Ende ist. Sondern nur die traditionellen Formen, das, was eben überliefert wurde, was aus früheren, älteren Bewusstseinslagen stammte und damals absolut ausreichte, das Leben zu ordnen. Heute funktioniert das nicht mehr. Wir müssen jetzt durchstoßen. Ich meine also, dass es die verdammte Pflicht und Schuldigkeit des alten Europa ist, wo ja diese Probleme entstanden sind, die Lösungen dieser Probleme noch vorzubereiten. Wir müssen zeigen, wie man mit diesen Dingen lebt und trotzdem wieder zu einer Kultur kommt. Zu einer spirituellen Kultur. Wir müssen wirklich durchstoßen. Und es gibt ja schon eine Menge von Hinweisen darauf, dass solche Durchstöße, oder nennen Sie es Überwindungen, möglich sind, nicht zuletzt zum Beispiel in der Anthroposophie, in der ja durchaus das ganze naturwissenschaftliche Denken mit einbezogen wird und dennoch durchgestoßen wird, hin zu einer neuen Spiritualität. Erst dann, wenn das alte Europa das geleistet hat, erst dann werden wir in der Lage sein, wirklich etwas von den anderen Kulturen zu lernen, und da gäbe es ungeheuer viel zu lernen! Aber dieser Schritt muss erst noch getan werden. Dann werden wir auf einmal die Wichtigkeit dieser älteren Kulturen erfahren, in denen noch vieles an ursprünglicher Geistigkeit aufbewahrt wurde. Das wird für uns sehr wertvoll sein, weil wir es anbauen können an dieses, wenn Sie so wollen, geschichtliche Dominospiel. Aber diese Verbindungsbrücke müssen wir noch schaffen. Das wird nach meiner Meinung den anderen Kulturen nicht gelingen. Weil diese Problematik nicht die ihre ist. Sondern weil die von uns kommt.

Krichbaum: Wer konkret soll diese Aufgaben übernehmen, die Künstler, die Philosophen oder etwa die Politiker?

Ende: Nein, nicht die Politiker, auch auf die Theologen baue ich da relativ wenig. Aber durchaus Philosophen und auch die Naturwissenschaftler selber. Sehen Sie, es gibt da eine ganze Menge von Naturwissenschaftlern heute, die über diese Problematik nachdenken, die sich ihrer bewusst geworden sind, denken Sie nur an Heisenberg oder Max Thürkauf usw., die sich über diesen Sachverhalt durchaus im Klaren sind und die sich die Frage stellen: Wie sollen wir eigentlich *leben* mit alldem, was uns die Naturwissenschaft an Einsichten über die Welt gebracht hat? Wie soll und kann man damit ein Menschenbild finden, das überhaupt noch irgendeinen Wert hat? Wenn ich als Physiologe zum Beispiel zu der Meinung gekommen bin, dass die menschliche Seele im Grunde nichts anderes ist als die Summe aller elektro-chemischen Prozesse in Hirn- und Nervensystem, dann habe ich damit natürlich ein ganz trostloses Menschenbild. Daraus kann ich keine Menschenwürde mehr ableiten.

Krichbaum: Ja, das ist trostlos und zynisch zugleich.

Ende: Trostlos und zynisch. Und eben darüber müssen wir hinauskommen. Das müssen wir! Was nicht heißt, dass wir in Abrede stellen müssen, dass Bewusstseinsprozesse nicht Hand in Hand gehen mit elektro-chemischen Prozessen in Hirn- und Nervensystem. Nur, wir dürfen nicht das eine gegen das andere austauschen, Ursache und Wirkung verwechseln.

Krichbaum: Vermutlich wird man die Gesamtproblematik nur anreißen können, und dabei wird man es dann belassen. Dann ist das Problem aufgezeigt, und mit dem Problem haben wir dann ein Problem wegen des Problems.

Ende: Bisher war es auch so. Aber die Verhältnisse werden uns zwingen, darüber hinauszukommen. Das ist wie der Kafkasche Affe, der sich eben auch nur höher entwickelt, weil er unbedingt muss. Die Verhältnisse werden bald so unerträglich werden, und die Einsamkeit des Menschen wird immer größer werden, und auch die Selbstmordrate wird furchtbar zunehmen, also die soziale Problematik, die ja nicht nur eine Frage der äußeren Organisationsformen ist, sondern eher eine Frage der inneren Haltung dem Mitmenschen gegenüber. Das alles wird sich so katastrophal zuspitzen, dass nichts anderes übrig bleiben wird als sich zu wandeln. Also diese Problematik des Materialismus, in die wir uns da hineinmanövriert haben, die müssen wir noch lösen. Und wir müssen den Mut haben, da auch wirklich ranzugehen. Und da werden dann auch die Künstler einen ganz entscheidenden, großen Anteil leisten müssen.

Krichbaum: Gedankenstrich. Warum ist von dem, was Sie jetzt gerade geschildert haben, so wenig in Ihren Werken zu finden?

Ende: Weil ich nicht versuche, gedankliche Auseinandersetzungen zu schildern, also zu argumentieren, sondern ich versuche, das *Ergebnis* meiner Überlegungen in die Bücher reinzubringen. Sehen Sie, nach meiner Meinung muss ein Gedicht nicht Weisheit enthalten, sondern es ist das Ergebnis von Weisheit. Ein Trakl-Gedicht, wenn Sie es auf seine Aussage hin untersuchen, da werden Sie eine so große Vieldeutigkeit finden, dass Sie sich eigentlich an gar nichts festhalten können. Aber es *ist* eben etwas. Das Trakl-Gedicht ist ein Ergebnis von Nachdenken, aber es enthält nicht das Nachdenken. Und damit sind wir wieder bei der anfangs gestellten Frage nach dem Offenlassen der Bilder oder der Geschichten. Wir haben uns so dran gewöhnt, dass der Künstler oder auch der Schriftsteller sozusagen der Prediger einer Weltanschauung sein muss. Aber für mein Gefühl soll der Künstler oder auch der Schriftsteller in seinen Werken nicht Weltanschauung predigen, seinen Kampf um Erkenntnis muss er vorher erledigt haben. Seine Weltanschauung muss er haben, die soll er mir aber nicht predigen. Das ärgert mich nur, wenn ich in einem Gedicht, einem Roman feststelle, dass der Schriftsteller versucht, mich zu belehren. Er sollte zeigen, dass diese Weltanschauung, die er hat, es ihm ermöglicht, Formen hinzustellen, Bilder hinzustellen, Geschichten zu erzählen, die jetzt solche Bewusstseinsprozesse anregen können. Er soll mir nicht erklären, wie er's gemeint hat. Solche Erklärungen interessieren mich nicht. Und wenn Sie es genau nehmen, dann können Sie alles das, was ich jetzt gesagt habe, beispielsweise über diesen Individuationsprozess, der dann zu neuen Mythen führen wird, das können Sie alles in der *unendlichen Geschichte* nachlesen. Das ist nämlich die Geschichte eines Jungen, der seine Innenwelt, also seine mythische Welt, verliert in dieser einen Nacht der Krise, einer Lebenskrise, sie löst sich in Nichts auf, und er muss hineinspringen in dieses Nichts, das müssen wir Europäer nämlich auch tun. Wir haben den Punkt, den Nullpunkt erreicht. Es ist uns gelungen, alle Werte aufzulösen. Und nun müssen wir hineinspringen, und nur, indem wir den Mut haben, dort hineinzuspringen in dieses Nichts, können wir die eigensten, innersten schöpferischen Kräfte wiedererwecken und ein neues Phantásien, d. h. eine neue Wertewelt, aufbauen.

Krichbaum: Jetzt werden sich natürlich alle Leser freuen, dass Sie mit so einfachen Sätzen so viel mitgeteilt haben.

Ende: Ich habe doch nichts mitgeteilt, als was jeder selbst nachlesen kann. Ich will mein Buch nicht interpretieren. Auch wenn immer die Leute kommen und das von mir erwarten. Ich weigere mich standhaft, weil ich sage, vor allem zu Germanistikstudenten, es gibt keinen »richtigen« Schlüssel, den ihr jetzt billig vom Autor haben könnt. Aber dann wollen sie wissen, ob ich *ihre* Interpretationen wenigstens richtig finde. Und ich sage, wenn sie gut ist, ist sie auch richtig. Die kann aber ganz verschieden sein von dem, was ich gedacht habe. Nicht darum geht es. Es geht nicht mehr darum, dass wir uns in ein Begriffsgerangel hineinbegeben. Das Begriffsgerangel ergibt gar nichts. Gescheit ist heutzutage jeder. Jeder Vierzehnjährige ist ja heute schon so schrecklich gescheit. Die Welt wimmelt von gescheiten Menschen, die alle ihre Meinung haben, und diese Meinungen werden ja auch ganz geschickt vertreten. Wenn ich nur in die Zeitungen und Zeitschriften schaue, vor allem in die Kulturzeitschriften, dann habe ich das Gefühl, jeder schnattert auf jeden ein. Jeder belehrt ständig jeden. Und genau das will ich in meinen Büchern nicht auch noch machen. Ich will niemanden belehren, sondern wenn überhaupt, dann möchte ich etwas in Gang setzen. Der Leser soll etwas *erleben*, zum Beispiel jenen Prozess, der mit ihm selber in Gang kommt. Wir brauchen uns nicht mehr gegenseitig zu belehren. Es reicht jetzt. Wie es in der Bibel heißt: Es wird eine Zeit kommen, wo kein Bruder den anderen mehr lehren wird. Das ist genau jetzt unsere Zeit. Wir müssen jetzt Schluss machen mit der gegenseitigen Schulmeisterei.

Krichbaum: Sie tragen das ruhig vor, aber Sie sind doch bewegt. Vorhin hatten wir die Stichworte Kunst und Lust. Wie sieht es aus mit Kunst und Aggression?

Ende: Das müssen Sie mir etwas näher erklären. Denn so kann ich mit der Frage zunächst nichts anfangen.

Krichbaum: Vielleicht passt die Frage auch nicht hierher. Dennoch, es gibt Künstler, zu denen würde ich mich auch zählen, für die ist das Schaffen ein wenig so, als ob sie einen Blitz ableiteten. Sie leiten etwas aus sich heraus, befreien sich auch davon, was sonst an anderer Stelle Unheil stiften könnte.

Ende: Dazu kann ich aus meinem Erfahrungsbereich eigentlich überhaupt nichts sagen. Aber ich weiß natürlich, dass es Schriftsteller und Maler gibt, die zum Beispiel aus der Aggression oder auch aus der Antipathie heraus schöpferisch werden. Oder als Reaktion auf bösartige Kritik. Oder direkt aus der Kritik heraus. Beispiel Sternheim, auch Brecht und natürlich George Grosz. Bei mir ist das anders. Ich werde eigentlich nur produktiv aus der Sympathie heraus.

Krichbaum: Aus der Sympathie zu was?

Ende: Ja, erst einmal aus der Sympathie zu meinen Figuren.

Krichbaum: Die existieren also. Aber was passiert vorher, bevor diese Figuren geschaffen sind? Ist da auch schon Sympathie da?

Ende: Ja. Denn ich muss mich in einer Atmosphäre von Sympathie bewegen, um überhaupt in Arbeitsstimmung zu kommen. Also ich muss Sympathie haben zu dem, was ich da machen will, zu der Geschichte. Es muss, wie soll ich sagen, eine Art erotischer Zuneigung zu den Figuren oder zu der Welt entstehen, die ich darstellen möchte.

Krichbaum: Das Schöpferische hängt eng mit dem Erotischen zusammen. Aber Erotik und Aggression sind auch nicht Welten auseinander …

Ende: Ja, das ist mir an verschiedenen Stellen auch schon zum Vorwurf gemacht worden, dass es meinen Geschichten an Aggressivität mangelt und dass meine Geschichten so sanft wären usw., dass da immer so ein sanfter Unterton drin ist. Nun, so ist das eben. Ich kann's nicht ändern. Wenn ich mich nicht in einer ganz bestimmten Freundlichkeit bewegen kann, ich will da nicht gleich von Liebe reden – Liebe ist ein großes und so vieldeutiges Wort – also wenn da nicht eine Stimmung der Sympathie ist, dann wird es nichts, dann kann es nicht gedeihen. Wissen Sie, das liegt vielleicht grundsätzlich an den künstlerischen Ansätzen. Mein Ansatz ist ja ein spielerischer. Es ist gefährlich, Typisierungen vorzunehmen, aber es gibt vielleicht doch so etwas wie eine Polarität unter den schöpferischen Menschen. Und so gesehen würde ich sagen, der eine Pol ist der spielende Mensch, der Homo ludens, und der andere Pol ist der unter einem gewissen Ausdrucksdrang oder Ausdruckszwang schöpferisch werdende Mensch. Also nehmen wir jetzt mal als irgendein schulmeisterliches Beispiel einfach den Gegensatz zwischen Mozart und Beethoven. Bei Mozart, könnte man doch sagen, ist der eigentliche Grundton ein spielerischer, ein freier, was allerdings, wenn man nicht sehr genau hinhört, so erscheint, als sei das alles mühelos leicht, als gäbe es überhaupt keine dunkleren Töne. Wenn man natürlich etwas besser hinhört, zum Beispiel bei *Don Giovanni,* dann hört man schon die dunklen Töne, die da mitschwingen. Aber sie liegen ja eben nicht so auf der Hand wie bei Beethoven, wo man ja sofort mit dem Dämon konfrontiert wird. Und wo man auch mitkriegt, dass der Kampf um den eigenen Ausdruck in einer ganz anderen Art stattfindet. Bei Mozart hat man eigentlich nie das Gefühl, dass er um den Ausdruck seiner eigenen Person kämpft.

Krichbaum: Da kommt der Dämon in schöner Verkleidung daher. Es werden Masken getragen. Außerdem erscheint mir Mozart als bestes Beispiel dafür, wie Schönheit und Glanz nur in der Nachbarschaft von Kampf und Leid gedeihen.

Ende: Also gut, ein Musterbeispiel: Die Hymne der Königin der Nacht. Dieses Filigrangebilde, was er da hinstellt. Überlegen Sie mal einen Augenblick, was etwa Verdi oder auch Beethoven an dieser Stelle gemacht hätten. Wie die da die Hölle entfesselt hätten, stattdessen zeigt uns Mozart hier ein funkelndes Formgebilde, eine Art Schneekristall, einen Eiskristall. Er erreicht natürlich auf diese Art etwas ganz anderes. Eine sozusagen objektive, gleichsam vom persönlichen Ausdruck ganz abgelöste Form. Und er versucht überhaupt gar nicht, den Höllenrachen musikalisch zu öffnen, sondern er macht's ganz anders. Ich wollte das jetzt nur mal, natürlich sehr vorsichtig formuliert, als die zwei grundsätzlichen Ansatzpunkte benennen, wie man überhaupt ans Kunstmachen oder an die Literatur herangehen kann. Eben der eine, der den Zwang oder auch den Drang verspürt, sich selbst auszudrücken, um sich in dieser Formulierung sozusagen selbst zu objektivieren. Also sich sich selbst gegenüberzustellen. Und der die Literatur, die Musik oder auch die Malerei zur Selbstdarstellung benutzt. Und wenn es gut geht, dann erreicht er damit eben unter Umständen auch ganz neue Formen, die bisher noch niemand gemacht hat, und etwas, das dann für viele Menschen auch Gültigkeit hat. Die Gefahr bei diesem Typus ist jedoch immer die, dass er sich verstrickt in seinen Autismus und schließlich für niemanden mehr verständlich wird. Ich will jetzt keine Namen nennen. Aber es gibt nicht wenige unter den modernen Autoren, die sich ständig in dieser Gefahr bewegen. Und der andere ist der, dem es mehr um das Spiel im höchsten Sinne zu tun ist, so wie Schiller es in seiner *Ästhetischen Erziehung des Menschen* geschildert hat, der eigentlich an die Kunst herangeht wie das spielende Kind. Was nicht weniger ernsthaft ist. Man meint ja immer, das Kinderspiel sei etwas, was man sozusagen nicht ernst zu nehmen braucht, aber das ist nur eine andere Seite des Menschlichen, die genauso ernsthaft ist, die mit genauso großer Versunkenheit und Intensität betrieben wird. Aber das ist eben ein ganz anderer Ansatzpunkt. Beim Spielen geht es ja nicht darum, sich selbst auszudrücken, sondern beim Spielen geht es ja, ich möchte beinah sagen, gerade darum, von sich selbst abzusehen, und sich in etwas ganz anderes hineinzubegeben. Sie brauchen jetzt gar nicht gleich ans Theaterspielen zu denken, sondern nur mal an das Schachspiel. Im Schachspiel unterwerfen Sie sich freiwillig gewissen Regeln und spielen einfach das Spiel, weil es in sich selbst schön ist. Weil das Spiel in sich selbst einfach Freude ist. Und ich glaube, das kann man wiederum von einer ganzen Reihe von Künstlern sagen, dass sie eben so herangehen, die wollen gar nicht sich selber ausdrücken, sondern die wollen spielen. Ein bisschen so, wie Schachspieler spielen, ganz versunken in die Regeln des Spiels …

Krichbaum: Nein, Kunst als Spiel, das geht mit Einsicht nicht, zumindest kann ich mir das nicht vorstellen. Das kommt mir eher wie ein Anfangsstadium vor. Und aus dem Spiel wird dann schnell Ernst. Oder es sollte doch recht bald Ernst werden und verbindlich. Das dürfte auch für das Schachspiel gelten. Wenn da zwei Großmeister aufeinandertreffen, dann wollen die vielleicht spielen, aber die wollen vor allen Dingen siegen, fast so, als ob sie sich eines Floretts oder eines Säbels bedienten. Also Spiel ist da eine Art unblutiges Mittel.

Ende: Dann hört es aber schon wieder auf, Spiel zu sein. Dann ist es nicht mehr frei. Das ist dann wie bei den Olympischen Spielen, wo ursprünglich mal eine sehr noble Spielhaltung dahinterstand. Aber inzwischen ist es ja zu einem Wettkampf der fürchterlichen Ehrgeize geworden, ganz abgesehen von der Geschäftemacherei, das geht bis zur Menschenvernichtung, das hört auf, freies Spiel zu sein. Das soll jetzt hier keine Philosophie des Spiels werden, das wäre wirklich ein weites Feld. Aber, um im Gegensatz zur Musik mal jemanden aus der Literatur zu nennen, da würde mir sofort Shakespeare einfallen, ein großer Spieler in diesem oben angedeuteten Sinne. Diesen Shakespeare können Sie durchstöbern, wie Sie wollen, Sie werden nie darauf stoßen, was *er* eigentlich gemeint hat. Also was man bei jedem modernen Autor findet, dass man sofort heraushört: Ah, da meldet sich der Autor, hier steckt die Botschaft, da spricht der Autor durch eine Figur, so etwas werden Sie bei Shakespeare nie finden. Sie können höchstens vermuten, in der einen oder anderen Äußerung, dass er da vielleicht spricht. Aber Shakespeare steckt in Othello nicht weniger drin als in Jago und in Macbeth nicht mehr als in Hamlet. Er selber schweigt, er lässt die Figuren sprechen, weil das, was ihn interessiert, das Spiel ist. Nicht seine Meinung bringt er zur Kenntnis, er verschwindet hinter seinen Figuren, er geht auf im Spiel. Deswegen sind die Stücke von Shakespeare auch ohne Botschaft. Es gibt da keine Botschaft. Er zeigt ihnen ein Stück Leben. Wie ein wuchernder Dschungel. Und der ist schön.

Krichbaum: Kunst wird also vollkommen, wenn sie ohne Absichten daherkommt, wenn sie spielerisch ist?

Ende: Ja. Wenn sie absichtslos wird, d. h., wenn sie mit keiner anderen Absicht mehr verbunden ist als nur noch der höchsten, nämlich der des freien Spiels.

Krichbaum: Ich würde gern an dieser Stelle wieder zurückkommen zu den Bildern Ihres Vaters. Denn in seinen Bildern meine ich doch alles andere zu erkennen als freies, absichtsloses Spiel. Da ist nichts, nach meiner Meinung, auf spielerische Weise entstanden. Im Gegenteil; ich spüre dort sehr deutlich, dass in allen Bildern ein Wesen sichtbar wird, das durch Leid und Schicksal gezwungen ist, sich künstlerisch zu äußern.

Ende: Ja.

Krichbaum: Und dass sich hier zugleich der Ansatzpunkt ergibt, mit dem häufig verbreiteten Urteil aufzuräumen, dass Sie und Ihr Vater gewissermaßen nur die beiden Seiten ein und derselben Münze seien …

Ende: Sicher, was die Arbeit anbelangt, liegt da ein Gegensatz zwischen mir und meinem Vater. Das ist richtig. Das ist auch schon daran zu erkennen, dass er eigentlich keine Wahl hatte, anders zu malen, als er gemalt hat. Während das bei mir keineswegs der Fall ist …

Krichbaum: War das Ringen um die Ausdrucksform für andere, zum Beispiel für Sie, erkennbar?

Ende: Natürlich hat er gerungen, sich gemüht um die Umsetzung und um die Realisation dieser Bilder. Aber er war ja nun nicht der Charakter, das äußerlich darzustellen. Dazu war er als Charakter einfach zu sanft. Er war unglücklich, wenn es ihm mal nicht gelungen war, oder wenn er längere Zeit überhaupt nicht richtig in sich hineinfinden konnte, in seine Arbeit und in seine Welt. Natürlich passierte auch so was, und dann wurde er sehr unglücklich. Heute würde man wahrscheinlich sagen »depressiv«, weil man ja gegenwärtig meint, »depressiv« sei eher erlaubt als unglücklich sein oder gar Trauer fühlen. Ich vermute schon, dass manche Bilder, wenn sie gelungen waren, für ihn eine Art Befreiung waren. Und es gibt ja einige Bilder, die wirklich sehr erschreckend sind. Beispielsweise dieses Bild *Genus loci*. Diese Traube von abgeschlagenen Köpfen, die da vom Himmel herunterhängt. Das ist wirklich eine Entsetzensvision, die er nicht umsonst etwa in der Mitte der 30er Jahre hatte. Prophetisch geradezu. Und indem er sie gemalt hat, hat er sich wohl auch davon befreit.

Krichbaum: Dieses Entsetzen finde ich auch in vielen seiner Zeichnungen wieder, zum Beispiel in der Bleistiftzeichnung *Gesang in den Wolken*. Da hat er einen kräftigen, vor sich hinsingenden Mann gemalt, die Hände umklammern zwei Stöcke, aber die Figur ist ohne Unterleib. Wie kommt man zu solch einer Vision, die doch mehr als Schmerz darstellt?

Ende: Ja. Das ist ein Zentralthema, diese entgliederten Menschen, die kommen immer wieder in seinem ganzen Werk vor. Auch in den *Zelten*, wo diese Torsi vor den Zelten stehen, immer wieder dieses Thema. Menschen ohne Gliedmaßen, die in der Luft herumschweben, wie auch in dem Bild *Fragmente.*

Krichbaum: Das sind zerstörte Menschen oder ganz einfach ungeschlechtliche, grausam reduzierte Menschen?

Ende: Es werden ja meist keine abgeschnittenen Gliedmaßen gezeigt. Also wenn es abgeschnittene Gliedmaßen von lebenden Menschen wären, dann sähe das Ganze ja anders aus. Es sind Menschen, die eben keine Gliedmaßen haben. Aber es sind deswegen keine verkrüppelten Menschen. Es geht hier einfach um das Fehlen von Möglichkeiten. Diese Torsi haben keine Hände, haben keine Arme, sie können nichts greifen, sie können nicht winken, sie können auch nicht gehen, sie sind reduziert auf ihren Leib und den Kopf. Und das ist ganz sicher ein wiederkehrendes Moment auf den Bildern meines Vaters. Immer wieder diese Menschen, die einer ganz wichtigen Ausdrucksmöglichkeit beraubt sind. Die sich gar nicht anders ausdrücken können, als eben nur indem sie da entweder herumschweben oder irgendwo stehen …

Krichbaum: Oder vollständig einbandagiert sind, wie auf dem Bild *Lazarus wartet.* Und zugleich bewacht von einer Horde von Schirmen. Oder regelrecht versteinert, wie auf dieser Zeichnung *Die Angst der Berge …*

Ende: Ich möchte Sie da gern auf eine Kleinigkeit aufmerksam machen, vor allem, weil Sie *Lazarus wartet* erwähnt haben. Das ist einer der Titel, die direkt von meinem Vater stammen. Das ist kein Ausstellungstitel, der nur irgendwie so gemacht ist. Nein, das ist der Lazarus, der darauf wartet, dass eine Stimme zu ihm sagt: Lazarus, komm heraus!

Krichbaum: Ja, wir sprachen vor ein paar Wochen davon, dass die Titel zu den Bildern quasi von der ganzen Familie gemacht wurden. Und Ihr Vater hat sich dann denjenigen ausgesucht, der ihm am besten gefiel. Vielleicht passen deswegen die meisten Titel so gut. Manche Titel ergeben sich aber auch direkt. Diese Zeichnung *Pferdebrücke*. Nun, da stehen tatsächlich Pferde auf einer Brücke. Allerdings sind es wie ausgestarrzt wirkende Holzpferde. Oder aus Stein gemeißelt. Sie haben etwas Skulpturales. Was im Übrigen für sehr viele Figuren gilt …

Ende: Das ist wahr. Viele Figuren, wie da die Pferde, oder auch beim *Androgyn*, haben etwas Statuarisches. Es sind ja oft merkwürdig zu Stein gewordene Ballettposen. Manche Figuren sind eingemauert. Auch das ist ein wiederkehrendes Thema. Figuren, die aus Mauern herausragen, wie dieser fliegende Adler, der mitten in der Mauer drinsteckt. Auch wieder: Versteinerung, das Festgehaltenwerden im Element, das die Bewegung unmöglich macht. Aber eigentlich ist in allen Bildern auch das enthalten, was in diesem *Lazarus*-Bild enthalten ist, eben dieses Warten auf Erlösung. Ich glaube, das ist sehr wichtig, dass man das nicht vergisst. Dass man das nicht übersieht in den Bildern. Es ist nach meinem Gefühl – und ich glaube, so wollte es auch mein Vater verstanden wissen – nicht so sehr ein Endstadium, sondern ein Stadium des Erwartens, des Erwartens eines Durchbruchs. Eines Durchbruchs, der allerdings nur auf wenigen Bildern stattfindet bzw. gezeigt wird.

Krichbaum: Im Sinne einer Hoffnung, die nur vielleicht erfüllbar ist?

Ende: Was Sie mich da jetzt fragen, ist ungefähr so, als ob Sie einen gläubigen Juden danach fragen würden, ob die Hoffnung auf den Messias eine erfüllbare oder eine nicht erfüllbare Hoffnung ist. Er würde an der Stelle wahrscheinlich zögern mit der Antwort und würde sagen, ja, wir warten halt auf ihn. Also, was als Erwartung in den Bildern meines Vaters steckt, ist sicher nicht gemeint im Sinne einer äußeren Erwartung, der Erwartung einer äußeren Welterlösung, sondern als die Erwartung eines neuen Bewusstseins. Die Erwartung eines Bewusstseinsdurchstoßes. Und das hängt jetzt wieder, glaube ich, sehr stark zusammen mit der religiösen Komponente in dem Weltbild meines Vaters. Er hat eigentlich gelebt in dem Gefühl, dass wir mit unserer Entwicklung an einem Endpunkt angelangt sind und jetzt in einer Art Durchbruchserlebnis ein ganz neues Bewusstsein erfahren. Dass eine Art Bewusstseinsmutation stattfindet. Ein Bewusstseinssprung, durch den der Mensch der Zukunft eigentlich wieder in ein ganz direktes Zwiegespräch mit einer real zu denkenden geistigen Welt kommt. Also für meinen Vater waren zum Beispiel Engel und Dämonen absolute Realität. Er würde nicht im Geringsten daran gezweifelt haben, dass es Engel und Dämonen gibt, und zwar nicht in einem metaphorischen Sinn, sondern ganz so wie es Berge und Bäume gibt.

Krichbaum: Also im Sinne wie die Darstellung von Hirschen und Büffeln bei den frühesten Höhlenmalern für diese auch Realität waren und nicht nur Abbilder von Hirschen und Büffeln.

Ende: Vielleicht wie in der Odyssee, wo die Helden der Geschichte ohne Weiteres mit einem Gott ins Gespräch kommen. Der sich eben mal so und mal so offenbart. Natürlich, man muss ihn erkennen, den Gott, wenn er sich offenbart, aber er offenbart sich noch für Odysseus. Und seine Genossen. Mein Vater sah eigentlich da die ganze Weltgeschichte, die ganze Geistesgeschichte so, dass in früheren Zeiten, in sehr alten Zeiten, also ich rede jetzt von Ägypten und von den alten persischen und indischen Kulturen, dass dort die Menschen einen ganz selbstverständlichen, wenn auch mehr traumhaften Zugang zu diesen anderen Welten hatten. Dieser Zugang ist nach und nach verloren gegangen, weil zugleich das wache Individualbewusstsein immer stärker werden musste, das war wichtig. Das war notwendig. Der Mensch kam nach und nach dann im Verlauf der europäischen Geistesgeschichte so weit, dass er sogar glauben konnte, es gäbe diese anderen Welten nicht, weil er so sehr hineingezogen war in die materielle Welt und auch in das selbstständige Individualbewusstsein, dass er diese anderen Welten sozusagen vergessen konnte und tatsächlich der Meinung sein konnte, es gäbe sie nicht mehr. Aber mein Vater glaubte, dass jetzt der Moment gekommen ist, wo das Ganze sich sozusagen wie in einem

Fokuspunkt zusammenfindet und sich umkehrt und jetzt wieder eine Art von Rückkehr beginnt, aber nicht eine Rückkehr im Sinne von Rückkehr zum Alten, sondern ein Wiederentdecken mit dem neuen Bewusstsein dieser ganzen anderen Zusammenhänge in der Natur, in der Welt und im menschlichen Schicksal. Der Zusammenhänge nämlich mit einer geistig-seelischen Welt.

Krichbaum: Es wird sicher viele Leute geben, die das nachvollziehen können. Die Aufgeschlossenheit für solche Gedanken ist nie so groß gewesen wie heute. Wir sind empfänglicher für Lehren aus den persischen, chinesischen oder indischen Kulturkreisen geworden. Das Pendel schlägt zurück …

Ende: Ja, da geb' ich Ihnen völlig recht.

Krichbaum: … nur, ich weiß nicht, ob das, was wir unausgesprochen meinen, nicht doch noch sehr viel weiter zurückreicht, weiter, als es uns diese Kulturen, die wir jetzt mehrfach zitiert haben, zeigen. Also der Islam, der Hinduismus, der Buddhismus, das sind Formen, die der Mensch zu Papier gebracht hat, um andere davon zu überzeugen, dass der Sinn des Lebens vorgegeben ist. Es ist so vom Menschen formuliert, so wie auch die Bibel von Menschen formuliert wurde. Doch jetzt in unserem Gespräch kommt eigentlich der Gedanke allmählich auf, als ob es dahinter noch etwas anderes gäbe, das dieses Wollen, das Fixieren der Lehren erst möglich gemacht hat. Und ich verstehe Sie so, dass wir uns jetzt mit diesem Pendel dahin zurückbewegen, wir uns dann vielleicht sogar ein Stückchen weiter noch bewegen über diesen Pendelschlag hinaus und dort zu Erkenntnissen und Erfahrungen kommen, die dann wirklich ursächlich sind.

Ende: Ja, das glaube ich schon. Und es ist auch von meinem Vater so ähnlich gemeint gewesen, dass es diese anderen Welten genauso tatsächlich gibt, wie es diese physische Welt gibt. Er würde vielleicht sogar gesagt haben, dass das gar nicht zwei verschiedene Welten sind; es ist ein und dieselbe Welt, von der wir aber immer nur einen Teil wahrnehmen und den anderen

Teil einfach leugnen, weil wir ihn nicht wahrnehmen. Aber in dem Moment, wo man eindringt mit dem Bewusstsein in diese andere Welt, erkennt man dort den Engel. Der ist da, der steht da, mit ihm spricht man, wenn auch nicht so, wie wir jetzt miteinander sprechen, aber auf eine andere Art spricht man mit ihm so, oder auch mit dem Dämon. Aber durchaus nicht nur als ein metaphorisches Wesen, sondern als ein selbstständiges Wesen wie eben ein Baum oder ein Berg in der äußeren Welt.

Krichbaum: So gesehen wäre dann der Künstler ein Verkünder von Wahrheiten, die außerhalb unserer real gedachten Welt festgelegt sind.

Ende: Wir müssen jetzt aufpassen, sonst kommen wir nämlich wieder dazu, dass der Künstler sozusagen Übersinnliches in sinnlicher Form darstellt. Dieses Missverständnis müssen wir hier vermeiden. Das, was dabei entsteht, wenn man versucht, so etwas darzustellen, was eigentlich aus einem übersinnlichen Bereich herkommt, wenn man das versucht, physisch, also sinnlich darzustellen, dann geht das sehr häufig nur, indem man es als Paradoxon darstellt. Indem man es als etwas darstellt, was zunächst in der malerischen Erscheinungsform Verwunderung hervorruft. Also meinetwegen einen Menschen, der einen Vogel als Kopf hat, oder so etwas, also nicht einen Vogelkopf, sondern der einen ganzen Vogel als Kopf hat. Oder dergleichen. Man kennt das ja aus der ägyptischen Kunst. Die ägyptischen Götterbilder haben ja nicht umsonst Tierköpfe. Sie haben Tierköpfe, weil der Ägypter noch die Wahrnehmung von diesen andersgearteten Wesen hatte, die eben anders aussahen als der Mensch. Die Götter haben natürlich keinen Ibiskopf, aber wenn man es darstellt in der äußeren Realität, dann muss man einen Menschenkörper mit einem Ibiskopf darstellen, damit man denselben Eindruck erzielt. Dieser Umsetzungsprozess, dieser Verwandlungsprozess führt aber dann zu etwas Eigenem. Und das ist die Kunst. Denn die Kunst, mein Vater sagte immer, die Kunst gibt es nicht im Jenseits und es gibt sie nicht im Diesseits. Sondern die ist dazwischen, die steht dazwischen. Es ist ein Menschengeschaffenes, eine menschengeschaffene Welt, die etwas ganz Neues darstellt, die zur vorhandenen Schöpfung hinzukommt.

Krichbaum: Kunst als Membrane, die von beiden Seiten durchlässig ist.

Ende: Die aber ein eigenes Reich bildet. Sehen Sie, die Natur ist ja in vieler Hinsicht viel schöner, viel großartiger als alles, was der Mensch machen kann. Das ist klar. Aber das ist nicht Kunst. So ist es auch mit der geistigen Welt. Und so sagte mein Vater immer, die Sphärenmusik, es mag sein, dass sie hundertmal gewaltiger ist als alle Musik, die Menschen machen können. Es mag sein. Aber die Tatsache, dass ein Mensch ein Holzkästchen baut, auf das er einen Schafsdarm spannt, und darauf dann wunderbare Melodien spielt, das gibt es eben nur auf der Erde. Das macht nur der Erdenmensch.

Krichbaum: Gut, das sind Vorstellungen, die durch uns hindurchgehen und nicht erfasst werden, jedenfalls von der Mehrzahl der Menschen nicht. Und dann gibt es einige wenige, zu denen jetzt zum Beispiel auch Ihr Vater gehörte, die solche Dinge erfasst haben, notiert haben und greifbar gemacht haben. Und insofern ist dieser viel geschmähte Spruch: Kunst ist, Übersinnliches sinnlich fassbar zu machen, so falsch nicht.

Ende: Wenn Sie es jetzt in diesem weiten Sinn nehmen, dann gebe ich Ihnen recht. Aber eben die Gefahr, die hier besteht, ist die, dass man in eine Art geistigen Naturalismus verfällt, wenn der paradoxe Ausdruck erlaubt ist, dass man jetzt sozusagen darüber diskutiert, etwa bei dem *Grünen Engel Grünewald* auf dem Geburtsbild, ob nun tatsächlich in der geistigen Welt ein solcher Engel existiert, der wirklich grün ist und rundherum aus Federn besteht. Der ist ja ganz und gar gefiedert. Auch der ganze Körper. Und genau diese Frage dürfte gar nicht auftauchen. Im Grunde kann man es ja eigentlich über Grünewald hinaus noch viel weiter zurückverfolgen. Zu allen Zeiten und in allen

Kulturen werden die Engel zum Beispiel mit Flügeln dargestellt. Ja, in Indien, überall, bei den Griechen, wo es allerdings so ist, dass der Merkur, der ja dieselbe Wesenheit darstellt, die Flügel am Hut hat oder an den Schuhen. Aber immer wird diese Wesenheit mit Flügeln dargestellt. Nun kann man sich natürlich fragen, ja wozu brauchen Engel eigentlich Flügel? Sie fliegen ja nicht in der Luft herum und sie haben in dem Sinn auch keine Atmosphäre zu überwinden wie ein Vogel, also brauchen sie eigentlich gar keine Flügel. Natürlich sind die Flügel ein Bild, das sich ergibt für alle die, die nun, sagen wir, diese Wesen geschaut haben, und wenn sie es umsetzen wollen, dieses Bild, in etwas physisch Wahrnehmbares, dann müssen sie das Bild der Flügel verwenden.

Krichbaum: Mit einem Wort, ohne Flügel ist der Engel kein Engel.

Ende: Ohne Flügel ist der Engel kein Engel. Wobei man immer eben berücksichtigen muss, dass das, was wir dann als Flügel darstellen, natürlich nicht die Flügel eines Vogels sind. Sondern es ist etwas anderes, was man wahrnimmt und was sich, wenn man es äußerlich darstellen will, nur in der Form der Flügel darstellen lässt.

Krichbaum: Es ist gewissermaßen auch eine Absprache unter den Engeldarstellern, dass man dafür die Flügel nimmt. Es könnten auch zwei große runde Scheiben sein. Nur sind die schon für Heiligenscheine reserviert.

Ende: Es scheint offenbar nicht so beliebig zu sein, denn ganz unabhängig voneinander haben alle Kulturen dieses Bild der Flügel entwickelt. Auch die Chinesen, auch die haben, lange bevor sie in Kontakt mit der europäischen Kultur kamen, den Engel so dargestellt. Bei ihnen heißt er natürlich nicht Engel. Aber es ist im Grunde dasselbe Wesen, was da geschildert wird. Das geht sogar noch weiter. Ich habe zu meinem Erstaunen neulich einen Vortrag gehört, da hat ein Musikwissenschaftler über die Musik der Aborigines in Australien gesprochen. Da wurde ein

Lied vorgeführt, und dann hat er übersetzt, was in diesem Lied erzählt wird. Er sagte: Wir haben es hier zu tun mit einer reinen Steinzeitkultur. Und er schilderte den Inhalt dieses Liedes, und der ist folgender: Ein Jäger hat seinen Bumerang verloren, der Bumerang ist in ein Wasserloch gefallen, der Jäger steigt hinunter, um den Bumerang wiederzuholen, und begegnet dort einer Nixe, und er bittet diese Nixe, ihm den Bumerang wiederzugeben, und sie stellt gewisse Bedingungen usw. Und die erfüllt er. Und dadurch kriegt er seinen Bumerang zurück. Nun fiel dem Wissenschaftler gar nicht auf, was mir sofort auffiel, nämlich: Woher kommt denn das Bild der Nixe? Also ein Mädchen mit einem Fischschwanz. Wo kommt denn das Bild der Nixe her? Normalerweise weisen einem doch die Ethnologen immer nach, dass solche Vorstellungen per Schiff irgendwohin transportiert worden sind und dann übernommen wurden, in einer anderen Kultur. Hier aber handelt es sich nachweislich um eine Kultur, die nie, seit 12 000 Jahren nicht, den Einfluss etwa einer griechischen Kultur erlitten hat. Im Übrigen findet man die Darstellung der Nixe auch auf Inkatempeln. Die Wesen mit den Fischschwänzen: Tritone und Nixen. Das heißt mit anderen Worten, das, was hier dargestellt wird, wird zu allen Zeiten in allen Kulturen unabhängig voneinander gleich dargestellt. Lediglich die Tatsache, dass wir heute, also seit ein paar Hundert Jahren, die Fähigkeit verloren haben, diese Wesen wahrzunehmen, weil sie offenbar von einer Art sind, die nicht mit unserem gewöhnlichen Wahrnehmen aufzunehmen ist, nur diese Tatsache hat dazu geführt, dass wir nun versuchen zu erklären, woher denn dieser Kultureinfluss kommt. Die meisten Leute sind noch immer der Meinung, dass es sich ja von selbst versteht, dass die nicht existieren, diese Wesen, sondern dass die irgendjemand mal erfunden hat, und dann wurde das exportiert, und diese Vorstellung wurde so weitergegeben. Nein, offenbar ist es so, dass die Völker früherer Zeiten diese Wesen alle kannten, und sie haben sie alle gleich dargestellt.

Krichbaum: Hat Sie die Malerei Ihres Vaters dazu gebracht, sich mit solchen Dingen zu beschäftigen?

Ende: Nicht nur die Malerei meines Vaters, sondern die ganze Welt, mit der mein Vater mich vertraut gemacht hat. Wir haben sehr viel und sehr gerne miteinander auch über esoterische Dinge oder über Religion und ähnliche Fragen gesprochen. Er war in dieser Hinsicht sehr ehrfurchtsvoll. Also nicht nur, wenn er von dem Christus, sondern auch, wenn er mir von Buddha erzählte oder von den großen Gestalten anderer Religionen, dann bekam er, ich erinnere mich noch gut daran, einen eigentümlichen, sehr ehrfurchtsvollen Tonfall.

Krichbaum: Vielleicht, weil Sie der Sohn waren; aber das ist überliefert, dass Ihr Vater in Gesprächen mit anderen zum Teil sehr deutlich ablehnend, bisweilen aggressiv wurde, wenn ähnliche Erklärungen erwartet wurden, wie Sie sie in diesem Gespräch formuliert haben.

Ende: Das kann ich mir nicht recht denken. Nur gegen etwas wurde er allergisch und konnte auch relativ massiv werden, das waren die psychoanalytischen Deutungsversuche. Wenn man also dem Ganzen, worum er sich bemühte, es in eine bildhaft wahrnehmbare Form zu übersetzen, wenn man dem, was dahinterstand, nur eine subjektive, sozusagen illusorische Bedeutung zugestand. Dann konnte er allerdings ernsthaft zornig werden.

Krichbaum: Also, er fühlte sich auf der Seite eines älteren Wissens. Das älter war als das der Psychoanalyse.

Ende: Ja.

Krichbaum: Aber der Humor wird ihm deswegen vermutlich kein Fremdwort gewesen sein. Das sage ich mit Blick auf die zwischen 1945 und '60 entstandenen Bilder. Da sind ja zum Teil gerade lustige Bildfindungen dabei, humorige, ironische, allerdings zynische in keinem Fall. Ich denke vor allem an die *Jahrmarktsbude*. Da ist alles drin, was wir besprochen haben, Vereinzelung, Loslösung, Gefangensein, keine Kommunikation. Aber das Sujet an sich, Jahrmarktsbude, ist etwas, was schon lustiger ist. Desgleichen die Zeichnung *Das Maßband*, die sicherlich ironischer gemeint war; wie kommt da eine Beziehung zustande?

Ende: Doch, er hat sich viel, sehr viel damit beschäftigt, gerade auch den Humor mit hineinzukriegen in diese neue Form einer mythischen Bilderwelt. Weil ihm der Humor als das vielleicht beste Ergebnis des modernen Bewusstseins erschien. Also das Beste, was eigentlich die ganze europäische Kulturentwicklung zutage gefördert hat, war für ihn der Humor. Und er hatte durchaus Humor. Er hatte, sagen wir mal, einen etwas ungewöhnlichen Humor, der nicht gerade im Witzeerzählen bestand. Das war nicht seine Art. Witze konnte er überhaupt nicht erzählen. Aber ich erinnere mich noch, wenn ich so mit ihm spazieren ging, etwa im Englischen Garten, und er blieb dann stehen und guckte irgendwo hin, wo zum Beispiel so eine Pferdeplastik stand, die auf eine merkwürdige Art verschneit war, die hatte so eine dicke Schneemütze auf, und er schaute da einfach hin und sagte: Nun guck dir das bloß mal an. Und ich guckte es an und musste hellauf lachen. Es wäre mir gar nicht aufgefallen, wenn er es mir nicht gezeigt hätte. Aber er hatte durchaus den Blick für Komisches. Und er hat sich gerade in den letzten Jahren seines Lebens doch richtiggehend darum bemüht, den Humor in die Metaphysik mit einzubeziehen, und zwar grade den Humor als das Element des menschlichen Freiheitserlebnisses. Dass also aus der Metaphysik nicht so eine fanatische, bierernste Angelegenheit wird, sondern dass sie zugleich immer mit etwas Humor gepaart sein müsste.

Krichbaum: Nicht auch mit dem Hintergedanken, die Sachen, die er malte, verkäuflicher zu machen?

Ende: Nein, keineswegs. Was schon die Tatsache beweist, dass sie dadurch keineswegs verkäuflicher wurden.

Krichbaum: Nun ja. Neben dem Humor gibt es allerdings noch ein gerüttelt Maß an Ironie, wie bei der Zeichnung *Die Taufe*. Da stehen oben auf einer Art Balkon ein Priester und zwei Männer, die stoßen einen anderen hinunter, der, auf einem Stuhl sitzend, in ein Becken fällt. Und der Priester hält zudem, wenn man es richtig sieht, eine Art Peitsche in der Hand. Ein sehr seltsames Bild.

Ende: Ja. Ich glaube, das kann man ruhig ganz unverblümt sagen: Mit den kirchlichen Formen, mit unseren heutigen kirchlichen Formen, der Religionsausübung, da stand er eher auf gespanntem Fuße. Er fand, dass da sehr häufig nur noch eine äußere Form erhalten geblieben ist, aus älteren Zeiten. Meinetwegen aus dem 14. Jahrhundert oder noch früher, die inzwischen ihren eigentlichen Erlebnisinhalt weitgehend verloren hat, und dass durch solch ein Aufrechterhalten von erstarrten Formen eher das Gegenteil von dem bewirkt wird, was bewirkt werden sollte. Nämlich wieder ein reales Erleben der geistigen Hintergründe. Dass also dadurch eine Art von Vertrocknung, ja von Tötung des Geisteslebens stattfindet, das hat er oft betont. Insofern sind solche Dinge schon durchaus als kritische Äußerungen zu sehen.

Krichbaum: Was mich bei alledem doch in zunehmendem Maße verwundert, dass diese ganzen Dinge, die jetzt zur Sprache kommen, die Ihrem Vater klar gewesen sind und die ich mittlerweile auch etwas besser nachvollziehen kann, warum die in über 400 und noch sehr viel mehr Artikeln über Edgar Ende nie erwähnt worden sind. Bestenfalls mit einem Satz, am Rande.

Ende: Weil es einfach in diesem ganzen Jahrhundert bis vor ganz kurzer Zeit, bis vor vielleicht zehn Jahren, gar nicht möglich war, dass jemand öffentlich zugibt, dass er an die Realität einer geistigen Welt glaubt, dass für ihn die geistige Welt eine reale Welt ist, ohne dass er sofort dem allgemeinen Gelächter anheimgefallen wäre. Und grade die »Drüberschreiber« haben sich natürlich sehr gehütet. Man durfte ja alles, man durfte das zum kollektiven Unbewussten erklären oder als Traumbilder aus dem Unterbewusstsein deuten oder sonst irgendwas, aber man durfte nicht darüber diskutieren, ob es nun wirklich eine geistige Welt hinter der sinnlich wahrnehmbaren gibt. Das war einfach nicht *in*. Das tat man nicht.

Krichbaum: Aber ich kann diese Haltung durchaus nachvollziehen. Immer dann, wenn etwas nicht so leicht erklärbar ist, stülpe ich dem einfach eine mystische Tüte auf, dann zitiere ich meine geistige Welt, in der alles vorkommt, aber in der, was da vorkommt, nicht wirklich erklärbar ist für andere. Lässt Sie das nicht manchmal ein bisschen unbefriedigt?

Ende: Es kommt darauf an, was man mit *erklärbar* meint. Da ist im vorigen Jahrhundert ja das große Missverständnis geschaffen worden, dass man Mystik gleichsetzt mit Verschwommenheit und mit Unklarheit. Wenn Sie die Schriften der großen Mystiker lesen, oder wenn Sie sich zum Beispiel mit der Rosenkreuzer-Literatur beschäftigen oder gar mit der Kabbala, also mit der jüdischen Esoterik, oder auch mit den neueren Formen, etwa wie sie bei Rudolf Steiner geboten werden, dann werden Sie feststellen, dass das alles keineswegs unklar ist. Es ist manches schwer zu verstehen, weil man sich Begriffe überhaupt erst bilden muss, die man im normalen Sprachgebrauch nicht kennt. Man muss erst versuchen, sich was drunter vorzustellen unter dem, wovon da die Rede ist. Aber es ist keineswegs unklar, und es ist auch keineswegs unerklärlich. Es setzt nur einige Dinge voraus, die nach den gewöhnlichen Logiken nicht erklärlich sind. Aber die in dem Moment, wo man in diese andere Art des Denkens einsteigt, absolut nicht nur Wahrscheinlichkeit, sondern auch Realität gewinnen. Also, um nur eines von vielen Beispielen zu nehmen: Etwa die Kausalität. Wir sind nach unserer äußeren Logik gewöhnt, dass alles in Kausalzusammenhängen gedacht werden muss, d. h. immer im Zusammenhang von Ursache und Wirkung. Nun ist es seit alters her eine bekannte Tatsache in den mystischen Schriften, dass in der geistigen Welt Kausalität nicht existiert oder sogar umgekehrt funktioniert, dass eben erst die Wirkung da ist und nachher die Ursache kommt. Das einzusehen fällt zunächst schwer. Aber vielleicht hilft Ihnen ein Beispiel: Jorge Luis Borges schrieb mal in einem seiner Literaturaufsätze, dass große Schriftsteller sich ihre Vorgänger schaffen. Also, indem es einen Kafka gibt, gibt es plötzlich eine Ahnenreihe von Kafka, eine geistige. Diese Ahnenreihe würde aber nicht existieren, wenn es Kafka nicht gäbe. D. h., nicht die Ahnenreihe hat zu Kafka geführt, sondern Kafkas Existenz hat zu dieser Ahnenreihe geführt.

Krichbaum: Genau diese Beschreibung ist kausal.

Ende: Nur umgekehrt.

Krichbaum: Natürlich. Aber um das zu beschreiben, bedienen Sie sich einer auf Kausalitätsprinzipien beruhenden Logik.

Ende: Wie soll ich es anders machen, wenn ich mich nicht in Vergleichen ausdrücken will, die schwerer zu verstehen wären; ich muss mich ja der Worte bedienen, die im normalen Sprachgebrauch üblich sind. In Wirklichkeit handelt es sich natürlich um überhaupt keine Kausalität.

Krichbaum: Jetzt sagen Sie, sozusagen hinterm Vorhang, dass Sie die Logik benutzen, um das Unlogische zu erklären.

Ende: Nein, ich behaupte lediglich, dass die Logik, die wir normalerweise benützen, nur eine der möglichen ist. So wie es verschiedene Mathematiken gibt. Und das, was eben in der euklidischen Mathematik richtig ist, muss in der nicht-euklidischen Mathematik durchaus nicht mehr richtig sein. Die Verbindung zweier Linien, die Verbindung zweier Punkte durch eine Linie ist eben nur in der euklidischen Mathematik die direkteste Verbindung. In der nicht-euklidischen kann es durchaus anders sein. Es kann also bis zu absoluten Gegensätzen führen. Und so ist es auch mit den Dingen, die Sie in der Rosenkreuzer-Literatur finden. Diese seltsamen Darstellungen etwa, in diesem wunderschönen Barockbüchlein, dem *ABC-Buch für fleißige Schüler des heiligen Geistes*, da finden Sie lauter surrealistische Darstellungen ohne Kommentar, also nur Bilder. Das sind Bilder, über die Sie meditieren müssen, ehe Sie überhaupt eindringen können, ehe Sie erfassen, was diese Bilder nun meinen.

Krichbaum: Das heißt wiederum, dass man solche Dinge, wenn schon die Logik nicht akzeptiert ist, nur verstehen kann, wenn man ein wie auch immer geartetes Einverständnis hat. Da es ja anscheinend keine logische Begründung für diese Dinge gibt …

Ende: Nein, es gibt eine, aber Sie müssen rüberspringen können in eine andere Logik. Das allerdings wird vorausgesetzt. Sie können nicht einen Übergang bauen von der einen Logik zur anderen. So wie Sie keine Brücke bauen können von der nicht-euklidischen Mathematik zur euklidischen oder umgekehrt, sondern das eine ist das eine und das andere ist das andere. Das allerdings wird verlangt, dass man rüberspringt. Das ist ja seit jeher das Problem gewesen, dass der, der eindringen will in eine ganz bestimmte Art des Vorstellens und des Denkens, erst immer zurücklassen muss, was er an anderen Vorstellungen bisher gewohnt war zu denken.

Krichbaum: Merkwürdigerweise bedrückt mich das, diese Vorstellung, dass es zwischen diesen Systemen keine Kommunikation geben kann, keine Verbindung …

Ende: Es gibt eine Verbindung, die Verbindung ist die Sprache. Dass ich jetzt mit Ihnen überhaupt über diese Tatsache reden kann, bedeutet ja, dass es eine Verbindung gibt. D. h., ich kann ja erklären, warum das andere anders ist.

Krichbaum: Und ich muss zugeben, dass Sie dabei einige Überzeugungskraft entwickeln.

Ende: Das liegt vielleicht daran, dass ich mich seit dreißig Jahren damit beschäftige und versuche, diese anderen Arten des Denkens zu verstehen, in sie einzudringen, und dadurch natürlich mit der Zeit ein klein bisschen Übung gewonnen habe. Aber das geht ja noch weiter. Nehmen Sie auch noch die Astrologie dazu.

Auch die wird ja deswegen ständig so missverstanden in unserer Zeit, weil man immer eine Kausallogik in der Astrologie sucht. D. h., man sagt, ja wie soll denn das möglich sein, dass der Saturn da draußen, weil er gerade ein Quadrat zur Sonne bildet, irgendwelche Strahlen heruntersendet, die mich jetzt hier krank machen. Das ist doch ganz unwahrscheinlich. So war's auch überhaupt nie gedacht. Sondern die ganze Astrologie beruht auf einer Entsprechungslehre. Nur haben wir total vergessen mittlerweile, was Entsprechungen sind. Aber diese ganzen magischen oder mystischen Weltbilder beruhen doch auf Entsprechungen. Übrigens, man fängt jetzt gerade an, das wieder zu entdecken, etwa in der Akupunktur, wo man festgestellt hat, dass meinetwegen das Ohr noch mal dem ganzen Menschen entspricht. Oder die Hand. Oder die Iris. Die Iris-Diagnose und dergleichen Dinge, die sind zwar umstritten, aber mehr und mehr fängt man an zu begreifen, dass die Iris des Auges dem ganzen Körper entsprechen kann. Und so entspricht eben der Mikrokosmos, der Mensch, in allem dem Makrokosmos, dem Universum.

Krichbaum: Die Akupunktur, wenn man die richtigen Stellen mit der Nadel trifft, kann den Körper sogar so weit bringen, dass man bestimmte operative Eingriffe an ihm vornehmen kann, ohne die Anästhesie zu bemühen. Hier gibt die Praxis den Vorstellungen tatsächlich recht.

Ende: Das war immer mit Praxis verbunden, das war nie eine Theorie. Auch die Alchemie war nie eine Theorie, es war nie so gemeint, dass man jetzt irgendwie nur da herumphilosophiert, sich irgendwelche Begriffe bildet, die dann keine praktischen Auswirkungen haben. Allerdings, der Wirklichkeitsbegriff war ein anderer. Man hat die Wirklichkeit in ganz anderen Zusammenhängen gesehen. Heute haben wir uns daran gewöhnt, das naturwissenschaftliche Weltbild als das einzige zu sehen, was die Wirklichkeit beschreibt. Und da liegt das Problem.

Krichbaum: Für mich ist das eher verständlich, weil es ein Weltbild ist, über das man sich einig werden kann. Also, wenn jemand sagt, dies ist ein Stück Zucker, dann ist es für den anderen sehr leicht einzusehen, dass diese Aussage stimmt. Wenn ich jetzt sage, dies ist der Aggregatzustand eines Engels, dann ist dieses Einverständnis so leicht nicht herzustellen.

Ende: Gut, wir können jetzt anfangen, über das Stück Zucker zu diskutieren oder zu hinterfragen, was das eigentlich meint: Was meint denn »ein Stück«, und was meint »Zucker«? Und wir würden alsbald dahinterkommen, dass wir ja immer meinen, wenn wir ein Wort haben, dann hätten wir auch schon die Sache. Wir haben uns angewöhnt, weil es notwendig war, um die Naturwissenschaft zu entwickeln, die Dinge aus ihrem Zusammenhang herauszulösen und sie einzeln zu betrachten, jedes Phänomen einzeln. Als ob das eine Phänomen gleichsam unabhängig ist von allen anderen Phänomenen. Als ob es ein Einzelfact wäre. Daher auch das berühmte *wertfreie* Denken. Was eine regelrechte Erfindung war, denn man darf ja nicht vergessen, dass es nicht natürlich ist, dass der Mensch wertfrei denkt. Das war für den Menschen des sechzehnten Jahrhunderts eine ungeheuerliche Zumutung, den Wert loszulösen von der Sache. Denn bis dahin dachte man immer zugleich in einem Zusammenhang mit einem Wert. Das andere musste sozusagen erst mal erfunden werden. Und dann ging das so weiter, und man hat immer mehr herausgelöst. Man kam schließlich sogar zu einem Auseinanderlösen des menschlichen Bewusstseins von der Welt, sodass man behauptete, die objektive Welt ist diejenige, die auch dann existieren würde, wenn es den Menschen gar nicht gäbe. Ja. Wobei man natürlich gerne vergisst, dass zu diesem Gedankengang immerhin ein menschliches Bewusstsein nötig ist. Nämlich das, was sich alle Menschen wegdenkt. Auf diesen Widerspruch ist man bisher noch kaum aufmerksam geworden, man fängt jetzt an, spätestens seit Heisenbergs Arbeiten fängt man an zu begreifen, dass ja grade für den Erkenntnisvorgang, auch für den naturwissenschaftlichen Erkenntnisvorgang, immer ein erkennendes Subjekt notwendig ist, und dass die Erkenntnis selbstverständlich nur die sein kann, die dieses erkennende Subjekt aufgrund seiner Beschaffenheit in die Dinge hineinsieht. Das ist eigentlich sinnlos, von Naturgesetzen zu sprechen, in der Natur gibt es keine Naturgesetze. Die Naturgesetze sind das, was der Mensch aus dem Ganzen der Natur heraus abstrahiert hat.

Krichbaum: Aber es hat sich als sehr sinnvoll herausgestellt, solche Gesetze zu formulieren. Dadurch kann ich einem anderen zum Beispiel mitteilen, was passiert, wenn sich oben auf seinem Dach ein Ziegel löst, dass, wenn er in einem bestimmten Winkel darunter steht, der Ziegel ihm auf den Kopf fallen wird, weil dafür eben die Schwerkraft sorgt. Ich kann ihm diesen Prozess vor Augen führen.

Ende: Aber das wussten die Menschen auch vorher schon, ehe Galilei die Fallgesetze gefunden hatte. Also, dass der Ziegel ihm auf den Kopf fällt, das wusste er schon. Er hat nämlich auch schon Waffen gemacht, die nach diesen Gesetzen funktionieren. Die Tatsache als solche war ihm bekannt, nur die Abstraktion hatte er noch nicht. Die Tatsache als solche, die Tatsachen der Natur, waren den Menschen seit eh und je bekannt. Er hat sie nur in einen anderen Zusammenhang gebracht. Und um jetzt einen Schritt weiter zu gehen: Ich bin da tatsächlich der Meinung, dass wir ans Ende des Newton-Zeitalters gelangt sind. D. h., dass diese Art des Denkens, die mit Galilei und Giordano Bruno angefangen hat, dann über Newton eigentlich bis zu gewissen Höhepunkten im vorigen Jahrhundert gekommen ist (die sehr wichtig waren natürlich, ich will damit jetzt überhaupt nicht Kritik an dieser Entwicklung üben), die war sehr wichtig, aber diese Entwicklung ist jetzt an ein Ende gekommen. Und jetzt besteht eigentlich das Problem darin, darüber hinaus auf eine neue Art wieder zu *Zusammenhängen* zu kommen. Wieder den Zusammenhang zwischen dem menschlichen Bewusstsein und der Welt herzustellen. Das, was wir erst getrennt haben, muss jetzt wieder zusammengebracht werden.

Krichbaum: Bleiben wir eben noch mal bei dem Beispiel mit dem Ziegel. Die Beschreibung dieses Vorgangs, eines ganz kleinen Naturgesetzes, ist notwendig, wenn ich andere Naturgesetze herausfinden und von anderen nachvollziehbar machen will. Und wenn ich zu einer Reihe von Naturgesetzen komme, bis hin zu der Erkenntnis, dass Atome aus verschiedenen Elektronen, Protonen und dergleichen bestehen und dass man diese Atome sogar spalten kann, dann kann ich diese Erkenntnis nur gewinnen, weil ich mir vorher so simple Überlegungen gemacht habe, was passiert, wenn irgendein Gegenstand fällt. Fällt dieser Gegenstand zum Beispiel im luftleeren Raum auch so, wie das der Ziegel vom Dach tut? Oder fällt er genauso schnell wie eine Feder. Wenn beide im luftleeren Raum sind. Das meinte ich. Ich bin Ihnen zu schnell in der anderen Argumentation gefolgt. D. h. also, diese klassische Form der Beschreibung unserer Welt, die in Naturgesetzen oder in die Erkenntnis von Naturgesetzen mündete, hat das alles, was uns umgibt, nicht gerade diesen Stuhl und den Tisch, an dem wir sitzen, aber zum Beispiel dieses Mikrophon und das digital arbeitende Aufzeichnungsverfahren möglich gemacht. Das wäre, ketzerisch formuliert, in einer mystischen Welt nicht möglich. Und ich würde weiterhin behaupten, dass, wenn wir diese Weltsicht allmählich wiedergewinnen, so wie Sie das beschrieben haben, dann werden wir eines Tages nicht in der Lage sein, vielleicht wollen wir das dann auch gar nicht mehr, unsere Welt zu meistern.

Ende: Das ist eben genau das, was ich die ganze Zeit erklären möchte. Es kann sich nicht darum handeln, zurückzukehren zu einer älteren Form der instinktiven Einheit mit der Welt, die irgendwann einmal im Paradies da war (der Paradiesmythos schildert uns ja einen Bewusstseinszustand des Menschen, wo er noch gar nicht der Welt gegenüberstand, sondern wo er wirklich Teil von ihr war). Der Weg ist gegangen worden, wir sind herausgegangen, bis wir der Welt tatsächlich gegenüberstanden. Dieses Gegenüberstehen der Welt hat uns dazu gebracht, die Dinge nur so zu untersuchen, wie die Naturwissenschaft sie untersuchen konnte. Das war ein Bewusstseinsweg, der da gemacht worden ist. Doch jetzt, worum es sich jetzt handelt, ist die Frage, wie es weitergehen soll, wie können wir, unter Beibehaltung dieses wachen, ich möchte sagen, dieses prüfenden Bewusstseins, wieder die größeren Zusammenhänge finden? Wir konnten dieses wache Ich-Bewusstsein eigentlich nur entwickeln, indem wir die Welt in unendliche Details zerlegt haben. Und jedes Detail für sich untersucht haben, denn solang wir's im Zusammenhang sahen, war es immer das Ganze, und das konnte man nicht untersuchen. Wir mussten es also, um überhaupt bis zu diesem wachen Ich-Bewusstsein zu kommen (und damit auch zur Entwicklung des Materialismus, das hängt nämlich miteinander zusammen), wir mussten sämtliche Zusammenhänge der Welt sondern, auseinandersondern, was übrigens mit dem Wort Sünde zusammenhängt. Sünde ist das Sondern, und es ist nicht nur das Sich-Selbst-Absondern, sondern es ist überhaupt das Denken in Sonderungen. D. h. anstelle des Ganzen immer das Detail sehen. Der Weg des Menschen ist der Weg der Sünde. Aber der war notwendig, dieser Weg. Aber nun haben wir eine Welt, die aus unendlich vielen Details besteht, wir haben eine Welt, die sogar immer noch weiter zerlegt wird in Details. Und irgendwie wird uns allen klar, dass man damit nicht leben kann. Weil es einfach keine Lebenswerte ergibt, es ergibt keinen Sinn. Ich glaube, der Mensch kann nicht leben ohne eine Sinnvorstellung. Und Sinnvorstellung kann ich nicht aus dem Detail ablesen, sondern Sinnvorstellung, einen Sinn des Lebens, kann ich nur finden, wenn ich das Ganze suche. Wenn ich die Einheit suche. Was soll das ganze Universum? Wozu bin ich auf der Welt? Wo komm' ich her? Wo geh' ich hin?

Krichbaum: Sinn und Sendung, das fällt dann allerdings auch schnell zusammen. Wenn nämlich Leute kommen und diesen Sinn für sich entdeckt haben, werden sie zugleich auch entdecken, dass sie nicht viele Weggenossen haben, die denselben Sinn sehen, und es liegt im heutigen Menschen und sicherlich auch im Menschen der früheren Zeiten, dass er dann versucht, die anderen von seinem Sinn zu überzeugen. Und somit haben wir dann genau das, was wir heute wieder haben, dass wir viele großartige Vorstellungen vom Sinn des Lebens haben, verschiedene Glaubensrichtungen haben, die sich gegenseitig aufs Schärfste befehden. Doch als Gipfel des Ganzen kommt jetzt natürlich die Forderung, dass wir alles in einen Topf werfen sollten, um gewissermaßen den Generalsinn zu erfahren. Das wird dann aber wiederum nur ein Stadium sein zum nächsten Schritt, dass sich aus diesem allgemeinen Sinn der Welt wiederum viele, viele Untersinne entwickeln werden …

Ende: Vorhin zitierte ich die Bibel: In der Zeit wird kein Bruder den anderen lehren. Das ist eben die einmalige Situation, in der wir uns jetzt befinden und die es bisher in der Weltgeschichte noch nicht gegeben hat. In den alten Zeiten waren Sinngeber wie Buddha oder Moses oder auch die Propheten, die großen Philosophen, die waren ja nicht eben nur Leute, die einfach nur die anderen niederzuargumentieren versuchten, sondern man sprach damals von ihnen als den Weisen, denen man folgte. Man spürte damals noch den Geist, aus dem sie sprachen. Das ist vorbei. Das wird es nicht mehr geben. Ich glaube nicht mehr, dass es in Zukunft noch solche großen Menschheitsführer geben wird, im Sinne dieser großen alten Propheten oder Religionsstifter. Sondern jetzt wird es sich um etwas anderes handeln. Es werden aus den Sinnzusammenhängen, die ein Mensch erkannt hat, ihm Fähigkeiten erwachsen. Und allein um diese Fähigkeiten geht es. D. h., wenn jetzt einer da ist, nur mal als Beispiel, wenn jetzt einer da ist, der Ihnen in Nordschottland an der nordschottischen Küste da oben einen Garten hinbauen kann, in dem im Winter die Rosen blühen, und der 40pfündige Kohlköpfe aus einem Boden zieht, in dem eigentlich nach normalem Ermessen gar nichts wachsen kann, wie es eben bei diesem Findhorn-Garten der Fall war, dann wird man aufmerksam und fragt, wie macht er das? Und dann interessiert es mich auch, was der weiß. Also dann interessieren mich seine Gedanken, weil sie ja erstaunliche Wirkungen hervorgebracht haben. Da kann einer etwas, was eben andere nicht so ohne Weiteres können. Also, es wird dann nicht zu diskutieren sein über Meinungen und Theorien bis zum Jüngsten Tag. Das interessiert nicht mehr. Aber wenn dem Menschen aus einer bestimmten Weltanschauung Fähigkeiten erwachsen, dann interessiert es sehr wohl. Wenn einer durch Handauflegen heilen kann, dann frage ich ihn, wie machst du das? Das möchte ich dann von ihm wissen. Und dann interessiert mich auch sein Wissen, nur dann interessiert mich das.

Krichbaum: Damit wiederholen Sie, dass sich geistige Qualitäten im Prinzip praktisch äußern müssen.

Ende: Sie müssen sich äußern, natürlich. Sie müssen sich realisieren. Nur müssen sie sich nicht immer nur physisch realisieren. Nehmen wir an, ein großer Künstler, ein großer Komponist, der tut ja in dem Sinne nichts Physisches. (Es sei denn, Sie nehmen jetzt an, dass es sich da um die Schallwellen handelt, die er hervorbringt, die sind natürlich physisch messbar. Aber das, worum es sich bei dem großen Konzert handelt, sind ja nicht die Schallwellen, sondern das, was es mir vermittelt.) Und wenn er ein großer Komponist ist, dann interessiert mich schon, wie er über die Welt denkt, und zwar einfach deswegen, weil eben aus seiner Weltsicht, aus seinem Welterleben heraus, dieses großartige Werk entstanden ist.

Krichbaum: Und wie sähe das bei Aristoteles bzw. Sokrates aus, wo die Gedanken und die Argumente das Werk sind?

Ende: Mit Aristoteles, und deutlicher dann mit den Späteren, den Nachsokratikern beginnt ja der Glaube an das Argument. Ich fürchte, wir sind auch da an einem Endpunkt angelangt. Heute können Sie mit Argumenten keinen Hund mehr hinterm Ofen hervorlocken. Nicht das Argument ist es, was den heutigen Menschen überzeugt. Was den Menschen überzeugt und interessiert, ist Persönlichkeit. Wahrheiten müssen gelebt werden durch Menschen. Wenn man das Gefühl hat, der hat etwas wirklich erfahren, der weiß etwas vom Leben und von der Welt. Das interessiert. Und Fähigkeiten, die daraus erwachsen sind. Das interessiert. Aber, um nur noch mal auf die Frage nach der Weisheit oder Nicht-Weisheit zurückzukommen, die drin sein muss in einem Kunstwerk, da fällt mir das grade mit dem Gedicht von Claudius ein. Etwa sein *Der Mond ist aufgegangen*. Wenn Sie das auf seinen Inhalt hin untersuchen, auf das, was rein gedanklich darin gesagt wird, dann sind das eigentlich lauter Binsenweisheiten, es ist eigentlich herzlich wenig. Der geheimnisvolle Zauber, den dieses Gedicht hat, liegt nicht in den Gedanken, die darin ausgedrückt sind; aber sie gehören trotzdem mit dazu. Weil diese Gedanken, die so einfach scheinen, im Zusammenhang dieser Wortmusik und dieser eigentümlichen Bilderfolge, bis in die etwas überlängte Schlusszeile hinein, dieser Rhythmus, der da entsteht, weil diese Gedanken einen Zauberglanz gewinnen, der sie auf einmal in etwas anderes verwandelt. Und das macht die Kunst. Diesen Verwandlungsvorgang, den macht die Poesie.

Dritter Tag

Krichbaum: Viele Kunsthistoriker sind erst dann zufrieden, wenn sie einer neuen oder bis dahin nicht rezipierten künstlerischen Ausdrucksform einen Namen gegeben haben, den andere dann nachbeten können. Wie Hockes Beispiel mit dem Manierismus zeigt, kann das in einigen Fällen auch tatsächlich zur Erhellung des Terrains führen. Nach alledem, was wir inzwischen besprochen haben, tue ich mich schwer damit, Ihren Vater noch länger einen surrealistischen Maler zu nennen. Phantastischer Maler, das passt auch nicht. Symbolistischer Maler, nur mit großem Vorbehalt. Also bliebe noch der mystische oder der magische Maler, obwohl mich bei beiden Begriffen auch der Beigeschmack stören würde.

Ende: Ja, Sie haben recht, es hat einen Beigeschmack, wie im Übrigen ja auch die Namen, die sich die Künstlergruppen gegeben haben, bei denen mein Vater mitmachte. Fantasmagie, beispielsweise, was hatte das nun mit Magie zu tun im alten Sinne? Es hatte nichts damit zu tun. Wenn man also Magie jetzt nicht im Sinne von Novalis interpretieren will, für den es ja letztlich nur seine romantisch-esoterische Weltsicht bedeutete. Ernsthafte Mystiker würden es sich im Übrigen, glaube ich, schwer verbitten, wenn man sie als Magier bezeichnete. Und umgekehrt natürlich. Es ist so, wie ich früher schon gesagt habe, dass unser modernes Vokabular für solche Differenzierungen gar keine Worte hat. In älteren Sprachen ist das viel leichter. Ich staune immer wieder darüber, wie viele Begriffe es noch bei den Griechen gibt für derartige Dinge, Begriffe, die bei uns nicht mehr vorhanden sind. Oder gar im alten Hebräisch. In der kabbalistischen Literatur gibt es da ein sehr präzises Vokabular, mit dem man gewisse Erlebnisse, gewisse Bewusstseinsinhalte ganz präzise beschreiben oder besser: bezeichnen kann. Für jede geistige Erfahrung haben die einen Begriff, ein Wort. Wenn man ein solches Wort erklären will in unserer Sprache, dann muss der arme Autor drei/vier Seiten schreiben, um einzukreisen, was das Wort alles meint. Dazu ein Beispiel aus dem Griechischen, das wohl jedem bekannt ist, das ist die Übersetzung des Wortes Logos. Was meint das alles: Es heißt auch *Wort.* Aber *Wort* ist eben nur *eine* Bedeutung, wenn man es im grammatikalischen Sinne versteht. Für den Griechen beinhaltet es zugleich noch viel, viel mehr. Der Grieche hört unendlich Vieles in dem Begriff *Wort*, was heute gar nicht mehr mitgehört wird, wenn man das Wort *Wort* ausspricht. Und so ist es eigentlich in allen alten Sprachen, dass die zugleich noch dieses Durchscheinende hatten für ganz bestimmte spirituelle Ereignisse und Erlebnisse. Und zugleich waren sie auch noch anwendbar auf Dinge und Vorgänge in der äußeren Welt. Das eine war eben vom anderen noch nicht getrennt.

Krichbaum: Ich möchte gern noch mal auf die Bilder Ihres Vaters zurückkommen, bzw. auf die Theorien, die er damit verband. Denn letztlich kommt das nur schwer zusammen: die mystischen Bilder, die er, wie ein Archäologe, in der Dunkelheit seines Ateliers findet, und zugleich seine Versuche, daraus eine, ja, gewissermaßen Theorie für das Verfertigen von Bildern abzuleiten, die in der Forderung nach dem *totalen Bild* gipfelte, das eine Synthese aller auseinandergefallenen Teile sein solle. Das lag aber eigentlich nicht in seiner Macht, denn die Bilder wurden quasi *gefunden*. Was in seiner Macht lag, war die Art der malerischen Umsetzung. Hätte der Satz »ein gut gemalter Kohlkopf ist besser als eine schlecht gemalte Madonna« nicht auch von ihm stammen können?

Ende: Ach, dieser Satz von Liebermann. Da hätte mein Vater drauf geantwortet, dass natürlich das, was gut gemalt ist, allemal besser ist als das, was schlecht gemalt ist. Aber wie verhält es sich mit einem gut gemalten Kohlkopf und einer *gut* gemalten Madonna? Mein Vater hat sehr großen Wert auf das Thema gelegt. Er sagte, ein Bild muss ein Thema haben. Es ist nicht gleichgültig, was ich male. Also darüber könnte man jetzt lange streiten, denn es gibt natürlich andere Maler, vor allem unter den Impressionisten, bei denen man wirklich sagen kann, dem oder dem kam es nicht so sehr darauf an, was er malte. Der konnte auch einen Sonntagsspaziergang malen oder Ballettschuhe usw. Da ging es mehr, wie bei Renoir, um Farbe und Licht und dergleichen, weil ihm das vielleicht wichtiger war als das Sujet. Aber für meinen Vater war das Sujet von großer Wichtigkeit, und er sagte eben, ja, wenn ich eine Kreuzigung malen will, dann ist das ein ganz anderer, viel größerer Anspruch, das malerisch zu bewältigen, als wenn ich einen Sonntagsspaziergang malen will. Beim Sonntagsspaziergang ist einfach der Anspruch des Darzustellenden geringer. Und wenn man keine Kreuzigung mehr malen kann, weil sie einem nichts bedeutet, dann hält man sich eben an den Kohlkopf, d. h. nur an das *Wie*.

Krichbaum: Gut, das Sujet ist Ihrem Vater wichtig gewesen, zugleich war die Findung des Sujets auch ein bisschen vom Zufall abhängig. Die Darstellung eines Sonntagsspazierganges ist sehr leicht zu vermitteln. Aber ich bezweifle, dass diese zufällig in der Dunkelkammer gefundenen Themen so ohne Weiteres mitteilbar sind.

Ende: Und ich bezweifle, dass sie anderen *nicht* mitteilbar sein sollen. Sie sind sehr wohl mitteilbar. Gerade Sie selbst sind ja das beste Beispiel dafür, dass die Bilder etwas mitteilen.

Krichbaum: Bei mir herrscht aber eher das Bedürfnis vor, mich zu sträuben, angesichts der Eindrücke, angesichts der Möglichkeit oder der Düsternis vieler dieser Bilder …

Ende: Ja gut. Sie können sich ja auch gegen eine verbale Mitteilung sträuben. Das hat ja mit dem Verstehen nichts zu tun. Da ist eine Mitteilung, und diese Mitteilung empfangen Sie sehr wohl. Dass Sie sich dagegen sträuben, dass Sie das eine zulassen oder anderes nicht zulassen, dagegen ist ja gar nichts zu sagen. Die Mitteilung ist da. Die Bilder sprechen zu Ihnen. Schauen Sie, ich muss doch noch mal auf die Märchen zu sprechen kommen. Wenn ich heute so Untersuchungen über Märchen lese, von sogenannten Märchenforschern, dann wundere ich mich immer, dass die Leute meinen, die Bildersprache des Märchens, die ja eine ganz unmittelbare Sprache ist, die man eigentlich auf der Bilderebene unmittelbar versteht, dass die Leute also meinen, die verstehe niemand, wenn man sie nicht umsetzt in irgendwelche Begrifflichkeiten. Sie müssen das Märchen sozusagen ausdeuten. Und meinen, wenn sie es ausgedeutet haben, dann hätten sie es. Sie hätten nun den eigentlichen Inhalt des Märchens. Aber ich meine immer, dass sie genau damit den Inhalt des Märchens verloren haben. Denn das Märchen spricht in Bildern. Das Geheimnis des Märchens liegt in der Vieldeutigkeit der Bilder. Die Bilder selbst sind schon die Mitteilung. Wir haben nur verlernt, Bildersprache zu lesen. Wir meinen immer, wir hören sie nicht mehr direkt, wir nehmen sie nicht mehr direkt wahr, sondern wir glauben, wir müssen uns Bildersprache umsetzen in eindeutige Begriffssprache, dann erst hätten wir sie verstanden. Also wir müssten es übersetzen in eine andere Sprache. Das ist aber falsch. Wir träumen ja auch in Bildern und erleben unsere Träume ganz unmittelbar. Die Bildersprache ist also die ursprünglichere, lebendigere.

Krichbaum: Es bleibt problematisch. Nehmen wir ein Beispiel, die Zeichnung *Der Leuchtturm*. Eine Frau pflügt zusammen mit zwei Pferden das Meer um einen Leuchtturm herum. Auf mich wirkt das gewissermaßen wie ein Symbol für Vergeblichkeit. Also alle Signale, alle Elemente dieses Bildes sagen mir, hier wird Vergeblichkeit bildnerisch dargestellt …

Ende: Obwohl die Dame doch ganz zufrieden scheint dabei. Sie hat ein Sonnenschirmchen aufgespannt und hat ein hübsches Kleid an. Also sie wirkt eigentlich nicht irgendwie sisyphusartig. Sondern sie tut ja etwas, was ihr offenbar Vergnügen macht …

Krichbaum: Ich sage: Es ist tragisch, denn sie ist sich der Vergeblichkeit ihres Tuns nicht bewusst. Das ist es, was das Bild mir mitteilt. Ich könnte mir gut vorstellen, dass es auch andere Leute gibt, die das aus diesem Bild herauslesen würden und eine gewisse Scheu hätten, den Künstler zu fragen, ob das so ist, und der würde sagen, ja schön, ist eine der Deutungen. Und die nächste Frage wäre, ist das auch Ihre Deutung? Und dann käme die Antwort: das, mein Herr, steht hier nicht zur Debatte. Das macht nachdenklich: Vom Künstler gewissermaßen keine Rückversicherung zu bekommen, und das, was man ins Bild hineinliest, wird beliebig.

Ende: Aber hören Sie, das ist doch bei aller Kunst und bei aller Poesie so. Und erst recht in der Musik.

Krichbaum: Bei Malern religiöser Themen und vor allem bei Historienmalern ist das nicht der Fall.

Ende: Ja, beim Historienmaler. Allerdings wird es schon fragwürdig, wenn wir, was weiß ich, zum Beispiel einen Goya nehmen, der ja auch Kriegsszenen malte. Aber nicht die Kenntnis der historischen Situation ist es, die wichtig ist. Sondern das, was dahinter steht an Höllenerlebnis. Und das geht weit über die historische Deutung hinaus, also über das Konkrete dort.

Krichbaum: Bei Goya vielleicht, der für mich jetzt kein Historienmaler wie, na wer, zum Beispiel David gewesen ist. Also dann eben die Stilllebenmaler, Landschaftsmaler, Vedutenmaler, Maler also, wo das Bild nicht sehr viel mehr mitteilt als das, was es dort vorzeigt. Und das schafft natürlich im Betrachter eine gewisse Sicherheit und natürlich auch eine gewisse Genugtuung, dass er versteht, was da geschildert wird …

Ende: Immer vorausgesetzt, dass er die historische Situation auch tatsächlich kennt, sonst wundert er sich natürlich höchlichst. Es gibt vielleicht Darstellungen aus dem Leben von Heiligen, deren Bedeutung ich nun gerade im Moment nicht kenne, wo ich dann sage, was machen die denn da für merkwürdige Gesten, was haben die da für eigentümliche Geräte? Es ist also ein höchst geheimnisvolles Bild. Und die Erklärung, die ich dann bekomme, macht die Sache oft eher ein bisschen banal. Es war eigentlich schöner vorher, als ich noch nicht wusste, was das alles bedeutet. Oder nehmen Sie eine Historie aus einem anderen Kulturkreis, aus dem chinesischen Kulturkreis. Sie sehen irgendeine Darstellung aus einem chinesischen Feldzug, von dem Sie keine Ahnung haben, und da ist nun etwas Merkwürdiges passiert, und Sie haben nur das Bild vor sich. Also, was heißt in der Kunst überhaupt *verstehen*? Da müssten wir uns vielleicht mal einen Moment drüber unterhalten. Was heißt verstehen? Bin ich deswegen tiefer eingedrungen in das Erleben eines Musikstückes, der *Eroica* etwa, weil ich weiß, welche historische Situation der Komponist seiner Musik unterlegt hat? Gut, das kann alles wichtig sein, das alles kann mir etwas beibringen. Es kann mich aber auch am eigentlichen, direkten Hören der Musik hindern, dieses Wissen. Das, was sich in der Musik selber abspielt, ist eine Sprache, die autonom ist. Die spricht direkt zu Ihnen. Wenn Sie mir jetzt sagen, ja, dann weiß ich aber nie, ob ich die überhaupt richtig verstehe, sage ich, das kann man auch nicht wissen. Denn jedes Kunsterlebnis ist ein Evidenzerlebnis. Und was Evidenz ist, kann niemand einem erklären, kein Philosoph der Welt wird Ihnen erklären, was Evidenz ist. Dieses Erlebnis, dass etwas so sein muss und gar nicht anders sein kann.

Das setzt unser ganzes Denken eigentlich immerfort voraus. Die Tatsache, dass ich sagen kann, eins und eins ist zwei, setzt ein Evidenzerlebnis voraus. Ich kann es nicht weiter erklären. Das kann man nicht mehr weiter zurückführen. Doch in der ganzen Kunst, auch in der Poesie, vertreten manche die Meinung, man müsse aus Hölderlins Oden ungeheuer viel herausinterpretieren, um sie zu »verstehen«. Ich halte das alles für falsch. Nicht das ist es, worum es sich handelt in den Hölderlinschen Oden, was ich herausinterpretieren kann. Sonst hätte Hölderlin ja gleich die Interpretation schreiben können. Dann wäre uns viel Mühe erspart worden. Er wollte aber offenbar die Vieldeutigkeit, die geträumte Sprache, das, was man nur ahnen kann, das Geheimnis. Das muss man so stehen lassen. Stattdessen werden endlose Untersuchungen angestellt, und das Gedicht, das Erlebnis des Gedichtes wird einem nicht nähergebracht, es wird einem ferner gerückt oder ganz zerstört.

Krichbaum: Ich weiß, wovon Sie sprechen. Aber ich habe trotzdem ein ungutes Gefühl dabei, dass wir so zu einer Betrachtung dieser Welt kommen, in der eigentlich nichts mehr erklärbar und begründbar ist, und dass es dann auch keine Rechenschaften mehr gibt. Und mir graut …

Ende: Entschuldigen Sie, wenn ich Sie gleich hier unterbreche, aber da gibt es nun ausnahmsweise wirklich einmal eine Parallele der Kunst zum Leben. Denken Sie nur, wenn Sie nur das erleben könnten, was Sie auch verstehen! Das wäre herzlich wenig. In der Lebensrealität gibt es keine Erklärung dafür, warum Sie sich zum Beispiel in die eine Frau verlieben und nicht in die andere. Sie fragen auch nicht danach, Sie tun es eben.

Krichbaum: Einverstanden. Nur denke ich auch an unsere Vergangenheit. Eine Zeit, die Ihr Vater ja hautnah miterlebt hat. Eine Zeit, in der vieles dem rationalen Zugriff entzogen wurde. Ich habe eine regelrechte Reserve diesen Dingen gegenüber, die angeblich nicht erklärbar sind. Natürlich auch wissend, dass es gleichwohl viele Dinge gibt, die nicht erklärbar sind. Aber …

Ende: Ich könnte Ihnen antworten, dass der pure, losgelöste wissenschaftliche Rationalismus uns ein ebenso großes, wenn nicht noch größeres Desaster beschert hat, nämlich die Atombombe, die Möglichkeit des globalen Selbstmords. Die reine Rationalität hat zum irrationalsten Ergebnis geführt. Aber das rechtfertigt natürlich nicht den Nazismus. Jede Kraft, jede Fähigkeit kann eben missbraucht werden, und das umso mehr, je größer die Kräfte und Fähigkeiten sind. Wenn wir diese Gefahr vermeiden wollen, dann dürfen wir nur noch das Kraftlose und Unfähige zulassen, weil es ja wirkungslos bleibt. Nach dem Motto: Besser keine Wirkung als eine schlimme. Aber ich rede ja auch gar nicht gegen den Rationalismus. Das ist ein altes, immer wiederkehrendes Missverständnis. Ich rede nur gegen seine falsche Anwendung. Man muss genügend Rationalist sein, um die Grenzen des Rationalismus zu kennen. Wo das Geheimnis, die Vieldeutigkeit, der Traum, die Lebenssubstanz ist, wie in der Kunst und der Poesie, wirkt er nur ertötend. Es gibt keinen Universalschlüssel für alle Lebensgebiete. Was auf einem maßstabgebend ist, an grundsätzlichen Kriterien, soll und darf noch lange nicht gelten für alle anderen Lebensgebiete. Also, ich will es mal ganz überspitzt ausdrücken: Kunst ist gerade das, was man nicht versteht …

Krichbaum: Damit habe ich gerechnet, und ich finde, es geht etwas zu weit.

Ende: Also in Anführungsstriche gesetzt und weniger überspitzt: Kunst ist gerade das, was ich wahrnehme, was über die direkte Wahrnehmung der Sinne zu mir spricht, in einem geistigen Sinn. Es ist etwas, was gerade nicht über den puren Intellekt geht, sondern über die sinnliche Wahrnehmung. Nicht wahr, wir haben ja im Deutschen diese merkwürdige Doppeldeutigkeit des Wortes *Sinn*. Die *Sinne* und der *Sinn*. Und der *Sinn*, der durch die *Sinne* spricht, das ist Kunst. D. h., es ist genau die entgegengesetzte Gebärde, die der Erkenntnis entgegengesetzte Lebensgebärde. Also die der Erkenntnisgebärde entgegengesetzte Gebärde ist die künstlerische. Der Künstler ist kein Erkennender. Kunst hat hier jetzt, im weitesten Sinn, viel mehr zu tun mit dem erotischen Prinzip. Das erotische Prinzip ist kein Erkenntnisprinzip. Sondern es ist ein Inkarnations- und Verwirklichungsprinzip. Etwas was verkörpert.

Krichbaum: Was auch unabhängig von uns funktioniert. Aber die Erkenntnis funktioniert nur durch uns.

Ende: Erkenntnis ist sozusagen immer etwas, was vergeistigt. Aber das Umgekehrte tut der Künstler, er verkörpert.

Krichbaum: Also die Erkenntnis, die haben wir in der Hand. Während wir das Erotische nicht in der Hand haben, so wie wir die Müdigkeit und den Hunger nicht in der Hand haben.

Ende: Deswegen wird man auch niemals in der Hand haben, was Kunst ist. Es wird immer einige wenige geben, die es können, aufgrund ihrer gesamten menschlichen …

Krichbaum: Aber schreckt das nicht, wenn man den Kreis so eng zieht?

Ende: Nein, es schreckt mich so wenig wie die Tatsache, dass es einige Menschen gibt, die erotische Begabung haben und andere nicht. Andere haben's einfach nicht. Die können das einfach nicht. Ich meine jetzt nicht hier die Zimmergymnastik, wie das so in den letzten Jahren der Sex-Aufklärung verbreitet wurde, das meine ich nicht mit erotischer Begabung, sondern einfach das Vermögen, schöpferisch zu sein auf diesem Gebiet. Etwas Großartiges zu erleben auf diesem Gebiet. Dazu sind nicht alle Menschen gleichermaßen geschaffen.

Krichbaum: Dann heißt das, dass diese Menschen, die dieses künstlerische, dem Eros ähnliche Vermögen in sich haben, es nicht durch eigene Leistung in sich haben, sondern sie haben es gewissermaßen durch Geburt in sich.

Ende: Das ist mir schon wieder etwas zu genetisch gedacht. Wenn Sie für einen Moment mal rüberkommen in die andere Weltanschauung, dass dort der Mensch nämlich vor seiner Geburt schon existiert, dass er das, was man im Indischen Karma nennt, schon mitbringt …

Krichbaum: Vor der Geburt heißt jetzt für Sie vor der Befruchtung des Eis?

Ende: Natürlich. D. h., dass der Mensch nicht nur nach seinem Tod in einer anderen Form weiterexistiert, sondern dass er natürlich entsprechend auch vor seiner Geburt schon existiert hat, ehe er in diese physische Form hineingekommen ist, in dieses Leben: nämlich im Sinne der Reinkarnation, die ja in allen alten Religionen eine Selbstverständlichkeit war, inklusive der Bibel, die ja von der Reinkarnation wie von einer Selbstverständlichkeit spricht. Das haben nun inzwischen die Theologen uns auszureden versucht und verschweigen es immer. Aber es gibt ja die ganz deutliche Frage, zum Beispiel der Jünger beim Jesus, wer war denn in seinem vorigen Leben dieser Johannes der Täufer. Und Jesus antwortet und sagt, das war Elias. Also die Reinkarnation wurde überhaupt nicht diskutiert, sondern das war ganz selbstverständlich, dass sie existierte, und sie existiert im Buddhismus, und sie existiert in der Kabbala, in der jüdischen Esoterik, da heißt sie Gilgul. Sie existiert überall. Das war zu allen Zeiten eine bekannte Tatsache.

Krichbaum: Für mich, der ich nicht an dergleichen glaube, tut sich da ein Mengenproblem auf …

Ende: Ich wollte damit jetzt nur sagen, dass, wenn wir es sofort auf das genetische Feld abdrängen, man dann nur noch sagen kann, aha, dann ist das also nur eine Erbmasse, die jemand mitbringt. Dagegen wollte ich mich nur wehren und wollte sagen, lassen Sie doch zumindest die Möglichkeit offen, dass der Mensch sich diese Fähigkeiten von woanders her mitbringt.

Krichbaum: Dieses Reinkarnationsmodell hat ja auch einige Faszination. Nur sollte sich dann die Menschheit nicht permanent vermehren. Zum Schluss könnten einige da sein, die ohne diese Reinkarnation auf die Welt gekommen sind.

Ende: Diese Sache mit der Vermehrung ist ja relativ jüngeren Datums, und wir wollen das mal abwarten, ob das tatsächlich einfach so weitergeht, wie Hochrechner das ausgerechnet haben, oder ob nicht auch wieder Zeiten kommen, in denen die Menschheit sich plötzlich wieder verringert. Wie viele Menschen es nun sozusagen im ganzen Diesseits und Jenseits gibt, das weiß ich natürlich auch nicht. Aber ich halte das für ein bisschen vorschnell, wenn man einfach so hochrechnet. Also weil sich in den letzten hundert Jahren die Menschheit um soundso viel vermehrt hat, wird's jetzt einfach hochgerechnet und man sagt, spätestens im Jahr 3000 werden es 50 Milliarden Menschen auf der Erde sein. Oder dergleichen. Diese Hochrechnungen, die scheinen mir immer etwas vorschnell.

Krichbaum: Gut, dass der Mensch vor der Geburt in irgendeiner Form existiert haben könnte, ist für mich noch vorstellbar, allerdings mit einigem Unbehagen. Auf der einen Seite gibt es in der Medizin die Erkenntnis, wie sich zum Beispiel Schnupfen oder Grippe oder dergleichen übertragen: Bazillen oder Viren, die durch die Luft schwirren, über die Schleimhäute in unsere Körper eindringen und dort die Zellen zur Produktion fremder DNS anregen. DNS, das sind Erbinformationen. Also kommen Erbinformationen in uns hinein, die vielleicht vorher in anderen Körpern gewesen sind. Und so kann ich natürlich eine Kette herstellen, die bis weit vor unsere Zeitrechnung geht. Die bis zur Entstehung der Weltgeschichte bzw. zur Entstehung des Lebens zurückreicht.

Ende: So habe ich es natürlich nicht gemeint.

Krichbaum: Es ist der Versuch, das etwas konkreter zu fassen und es, in diesem Sinne, akzeptierbarer zu machen. Aber da gibt es schon Bedenken. Denn damit öffnet sich eine so große Tür, und ich weiß nicht, ob man unbedingt da durchgehen sollte …

Ende: Ich bin überzeugt, dass die Vorstellung der Reinkarnation sehr bald wieder Allgemeingut sein wird. Es wird sogar eine der ersten sein, die wieder begriffen werden wird. Einfach als eine Notwendigkeit, um das Leben sinnvoll zu verstehen. Weil es die einzige ist. Das können wir jetzt mal so stehen lassen.

Krichbaum: Warum haben Sie das, was Sie hier so deutlich formulieren, so deutlich nie in Ihren Büchern gesagt?

Ende: Kommt vielleicht noch. Ich bin ja noch nicht tot. Das kann vielleicht noch kommen. Wissen Sie, weil es mir sehr darum zu tun ist, nur das in meinen Büchern erscheinen zu lassen, was an eigener Erfahrung sich umsetzt ins Bild. Es ist aber durchaus möglich, dass, in einem der nächsten Bücher beispielsweise, genau dieses Thema der Ungeborenheit und der Unsterblichkeit auftauchen wird, das ist sehr gut möglich. Ich will aber immer etwas vermeiden: Ich will Erklärungen vermeiden. Ich will in meinen Büchern nichts erklären. Es gibt so gewisse esoterische Romane, in denen ständig Esoterik erklärt wird. Und davor graut mir. Genau das will ich nicht machen, sondern ich sage, wenn es mir nicht gelingt, es umzusetzen in ein Bild, das der Leser annehmen kann oder stehen lassen kann, einfach als Bildgeschichte, dann will ich es lieber gar nicht schreiben. Es geht mir nicht darum, das wie meinetwegen Gustav Meyrink zu machen, bei dem besteht die Hälfte seiner Bücher aus esoterischen Erklärungen. Und genau das finde ich falsch, denn da kommen wir wieder ins Argumentieren hinein und in das, was eben nicht poetisches Umsetzen heißt, sondern Didaktik. Dann sollte man lieber gleich einen esoterischen Vortrag halten, oder man schreibt ein Essay über die Reinkarnation. Aber ich sagte ja schon: Erklären ist für mich immer etwas Unkünstlerisches. Kunst darf sich nie erklären. Auch Poesie nicht. Poesie darf sich nie selbst erklären. In dem Moment hört sie auf, Poesie zu sein. Wie Hölderlin sagt: »Lehrt und beschreibet nicht, und wenn der

Meister euch ängstigt, fragt die große Natur um Rat.« Poesie darf nicht lehren und sie darf nicht beschreiben, sondern sie muss realisieren. Sie muss …

Krichbaum: Und die bildende Kunst darf das auch nicht.

Ende: Bildende Kunst darf erst recht nicht lehren und beschreiben, sondern sie muss etwas hinstellen. Ein Bild soll nichts erklären, es soll etwas sein.

Krichbaum: Dann könnte man die Musik noch mit einschließen und das dann zum allgemeinen Postulat machen.

Ende: Das tue ich auch! Sie haben mich ja nach meinem Kunstkonzept gefragt. Und für mich ist es nur das, was Kunst sein kann. Denn wenn ich sie erklären könnte, dann könnte ich eigentlich die Erklärung anstelle der Kunst nehmen. Und damit wäre sie überflüssig. Im Gegenteil, dann wäre die Erklärung sogar klarer, eindeutiger vielleicht. Aber das kann man eben nicht. Man kann Kunst nicht erklären. Darin liegt sogar ihre Notwendigkeit, ihr Grund. Ich hab's mal so ausgedrückt: Für Kunst gibt es überhaupt keine andere Rechtfertigung als eben ihr Dasein. Alle Versuche, sie durch etwas anderes zu rechtfertigen als dadurch, dass man sie macht, sind unnütz. Aber es gibt sie ja nun mal, Gott sei Dank, auf dieser Welt, bis jetzt. Und noch zerbrechen wir uns den Kopf darüber, weil wir immer versuchen, sie durch etwas zu erklären, was nicht Kunst ist. Und damit verlieren wir sie im Grunde schon wieder aus dem Auge. Also, ich würde sagen, den Zugang zur Kunst findet der Mensch eigentlich nur, indem er mit ihr umgeht. Er muss mit ihr umgehen. Man kann nicht von außen in die Kunst einsteigen. Man nannte das früher mal Bildung. Da hatte jeder im gewissen Sinn Anteil daran, auf die eine oder andere Art, weil zum Beispiel in den Kirchen, die damals noch Lebenszentrum waren, die Bilder einfach hingen, und da sah man sie eben.

Krichbaum: Aber heute ist es für die, die es nicht gelernt haben, recht schwierig, mit der Kunst umzugehen. Womit wir wieder bei unserem anfänglichen Problem wären …

Ende: Weil sie ja auch, bis zu einem gewissen Grad, keinen essenziellen Anteil an unserem Leben mehr hat. Wir gehen in Ausstellungen und schauen uns dort Kunst an. Das ist eine Ausnahmesituation. Aber das war in früheren Zeiten ja anders. In früheren Zeiten gab's überhaupt keine Ausstellungen, da gab's eben die Kirchen oder die geistigen Zentren. Und dort wurde die Kunst im Zusammenhang mit allem anderen aufgenommen und wirkte dadurch auch gesellschaftsbildend.

Krichbaum: Und heute kommt der Aspekt hinzu, dass die Kunst spezifischen Verwertungsmechanismen unterworfen ist. Was früher nicht der Fall war. Aber wo etwas verwertet wird, muss es natürlich Rechtfertigung für die Verwertung geben. Und insofern ist ein Rechtfertigungs- und Argumentationszwang entstanden, der eigentlich durch unsere Zeit und nicht durch die Kunst entstanden ist …

Ende: Ganz richtig. Und damit stoßen wir wiederum auf das Kulturproblem, was ich am Anfang unseres Gesprächs anklingen lassen wollte, dass Kunst als selbstständiges Moment ohne eine dazugehörige Kultur eigentlich sinnlos ist.

Krichbaum: Bezogen auf die Kunst Ihres Vaters heißt das, dass die Gemälde und Zeichnungen nur vor diesem ganzen Hintergrund aus Mythologie und Mystik verstanden oder besser »nachempfunden« werden können. Aber ich fürchte, dass man sich eher über die Verschiedenartigkeit von Grafik, Zeichnung und Gemälde auslassen wird, weil man da gewissermaßen etwas Konkretes in den Händen hat. Andererseits muss ich gestehen, dass auch mir nach Durchsicht des zeichnerischen Œuvres die Gemälde tatsächlich etwas weniger brillant und überzeugend vorkamen. Mit anderen Worten: Wenn das Werk dereinst wahrgenommen werden wird, wird man ihm dann möglicherweise auf diese eben geschilderte Weise unrecht tun.

Ende: Das ist allerdings sehr gut möglich, was Sie da sagen. Das ist vielleicht auch etwas, was mein Vater sehr stark empfunden hat. Und möglicherweise ist das auch der Grund dieser leeren Welten, die er da geschildert hat. Vielleicht ist das auch der Grund für seine, ich möchte mal sagen, seine Widerborstigkeit. Vielleicht ist das auch der Grund, warum er sich so standhaft geweigert hat, sich gefällig zu machen. Weshalb er sogar so richtige kleine Hemmschwellen einbaute, ich weiß nicht, ob er das absichtlich gemacht hat oder weil ihm einfach danach zumute war oder weil er es dem Betrachter eben ein bisschen schwer machen wollte, hier eine reine Konsumhaltung einzunehmen und sich halt die Sachen so als Sammlerobjekt unter den Nagel zu reißen. Das alles geht verhältnismäßig schwer mit den Bildern meines Vaters. Vielleicht hat er das bewusst oder unbewusst sogar so gewollt. Weil ihm natürlich diese Problematik bekannt war, in der wir da heute alle stehen. Also die Frage, wozu malt man überhaupt Bilder, was soll das ganze eigentlich, was ist das für ein merkwürdiger Kunstbetrieb, den wir da heute haben? Kunst sozusagen als eine Art Luxus, den man sich leistet. Wenn man schon mal den Mercedes und drei Eisschränke hat, dann leistet man sich auch noch ein Bild von Klee oder so was. Wozu eigentlich? Das kann ja nicht der Sinn eines Bildes sein.

Krichbaum: Es gibt sogar Leute, die kaufen Kunstwerke wie Aktien oder festverzinsliche Papiere.

Ende: Ja, er sagte schon damals, das sind Briefmarkensammler, denen ist es eigentlich wurscht, ob sie die blaue Mauritius oder einen Picasso kaufen, Hauptsache, es ist eben etwas, was andere nicht haben. Das ist natürlich kein wirkliches Verhältnis zur Kunst. Das heißt nicht, mit Kunst leben.

Krichbaum: Sie haben mir einmal gesagt, dass Sie verhältnismäßig früh angefangen haben, künstlerisch tätig zu werden, Gedichte zu schreiben, Bilder zu malen und zu zeichnen.

Ende: O ja. Das fing schon mit vierzehn, fünfzehn an. Und mein Vater hat das sehr wohl gemerkt.

Krichbaum: Und er hat an Ihrem künstlerischen Werden regelrecht teilgenommen?

Ende: Er hat mit außergewöhnlich großem Interesse daran teilgenommen. Und er hat das absolut ernst genommen, auch meine ersten Gedichte. Die haben ihn sehr interessiert. Teilweise war er auch richtiggehend stolz darauf, hat sie Freunden vorgelesen usw. Also von meinen Eltern habe ich in der Hinsicht immer eine große Hilfe erfahren.

Krichbaum: Aber gab es da nicht auch so etwas wie gegenseitige Beeinflussung? Wenn der Vater irgendetwas von Ihnen gelesen hatte oder Sie etwas von ihm gesehen haben, das Eingang in die Arbeitsweise oder in die Thematik des jeweilig anderen fand?

Ende: Selbstverständlich. Ich hab' geradezu Gedichte nach Bildern meines Vaters gemacht. Oder umgekehrt zum Beispiel das Portrait, das er von mir gemacht hat, ist ja eine Geschichte, die jetzt im *Spiegel im Spiegel* steht, nämlich der Niemandssohn, das ist eine Geschichte, die ich ihm damals erzählt habe, die war noch nicht fertig geschrieben, also nicht endgültig, und ich hab' sie ja noch mindestens zehnmal umgeschrieben, diese Geschichte. Aber sie lag in einer Fassung damals schon vor. Und da hat er sie gelesen und hat danach dieses Bild gemalt. Das Portrait. Mit dem Fuchs und dem Wolf und der Ratte und dem Vogelschlag. Das war alles auch damals schon drin in der Geschichte. Das war etwas, das ihn anregte. Wo er sofort sagte, das möchte ich eigentlich malen. Das wäre ein gutes Bild. Eine Vorlage, ein Vorschlag für ein Portrait. Und umgekehrt hab' ich zu manchen seiner Bilder natürlich auch Geschichten geschrieben. Da habe ich versucht, dasselbe in Worten zu machen, was er auf dem Bild gemacht hat. Auch durch alle möglichen Wortexperimente hindurch, die mich damals sehr faszinierten. Ich hatte damals gerade zum Beispiel Theodor Däubler entdeckt, ich weiß nicht, ob Ihnen der ein Begriff ist, Theodor Däubler hat mich damals ungeheuer angeregt, als ich so achtzehn war. Er spielt ja mit den Lauten und den Worten wie ein Musiker. Damals entstand eine ganze Reihe von Gedichten, in denen ich versucht habe, Themen, die mein Vater auf seinen Zeichnungen oder seinen Bildern hatte, in Worten zu musizieren. Nicht, indem ich das Bild beschrieb, sondern indem ich einfach versuchte, das, was er auf dem Bild gemalt hatte, eben auf eine andere Weise zu machen. Also wir haben uns da gegenseitig sehr angeregt, ja, er hat es sehr anregend gefunden. Es ging sogar so weit, als ich gerade über zwanzig war und plötzlich meine eigenen Ideen hatte, dass ich anfing, ihn ein bisschen zu schikanieren, weil ich eine ziemlich andere Meinung über Kunst damals entwickelte, die nichts mit seinen Ansichten zu tun hatte. Und das war ihm unerträglich, das war mit ein Grund, warum er dann aus dem Haus gegangen ist, das hat er jedenfalls gesagt. Weil er es nicht mehr aushalten konnte.

Krichbaum: Wo ist er denn da hingegangen?

Ende: Er hat sich eine Freundin gesucht und ist mit ihr weggegangen. Aber das war wohl nicht nur meine Schuld. Andererseits gehörte es mit in die ganze Problematik hinein, dass er plötzlich mit meinen Argumenten nicht mehr zurechtkam. Das empfand er als absolut feindselig, was ich da so äußerte.

Krichbaum: Sie haben auch angefangen, seine Bilder, seine Arbeitsweise zu kritisieren.

Ende: Ja, ich habe ihm das Leben schon schwer gemacht. Aber mit zwanzig, da war ich natürlich gerade dabei, meine eigene Form zu suchen. Trotzdem, manchmal habe ich ihn wohl richtiggehend gequält.

Krichbaum: Nachdem Ihr Vater aus dem Haus war, haben Sie da den Kontakt zu ihm weiterhin aufrechterhalten?

Ende: Aufrechterhalten, ja. Ich hab' ihn besucht.

Krichbaum: Das hat er so ohne Weiteres zugelassen?

Ende: Nun ja, er war dann auch wieder sehr froh, weil wir uns dann doch wieder gut verstanden. Ein paar Jahre später haben wir uns wieder sehr gut verstanden. Und da hatte ich dann inzwischen auch begriffen, was für eine einmalige Erscheinung er eigentlich ist. Ich habe dann auch versucht, das dann wieder gutzumachen. Und ihn wieder zu bestärken und zu bestätigen in dem, was er dann machte.

Krichbaum: Wäre es jetzt zu weit gegriffen, wenn man sagte, Ihr letzter Band *Der Spiegel im Spiegel* mit den vielen schönen Zeichnungen bzw. Radierungen und Lithographien Ihres Vaters sei unter anderem auch eine nachgereichte Wiedergutmachung?

Ende: Ganz richtig. Deswegen habe ich es ja auch meinem Vater gewidmet und habe ja die Bilder meines Vaters hineingenommen, weil ich versucht habe, da seine ganze Welt jetzt auf meine Weise noch mal abzukonterfeien.

Krichbaum: Aber man spürt, dass das Thema damit für Sie noch nicht abgeschlossen ist. Vielleicht kommen Sie eines Tages noch mal in ganz anderer Form darauf zurück …

Ende: Das kann durchaus sein. Ich werde mir immer mehr bewusst, im Laufe meines Lebens, wie viel ich meinem Vater zu verdanken habe. In meiner ganzen Grundauffassung von Kunst überhaupt. Und auch die ganze Welt, in die er mich halt eingeführt hat. Das ist einem mit zwanzig nicht so bewusst, da hält man das für selbstverständlich, was man geerbt, also was man mitbekommen hat von dem anderen. Und man fängt an, daran herumzunörgeln. Aber später ist mir das schon sehr bewusst geworden.

Krichbaum: Ihr Vater hat in der Nachkriegszeit sehr viel im kulturellen Leben Münchens zu tun gehabt. Er war Präsident im Haus der Kunst, hat maßgeblich am Zustandekommen von Ausstellungen mitgewirkt, hat gleich '46 die Neue Gruppe mitkonstituiert. Ist dann 1963 Ehrenmitglied der Akademie der Künste in München geworden ...

Ende: Es war aber nie das, das er immer gerne werden wollte, nämlich Professor in der Akademie, mit einer eigenen Klasse. Man hat stattdessen irgendwelche anderen Maler genommen, die wesentlich unbedeutender waren als er. Die haben's immer gekriegt. Er hat wohl nie mit den richtigen Leuten das entsprechende Bierchen getrunken.

Krichbaum: Trotzdem. Das war öffentliches Leben. Obwohl seine ganze Kunst überhaupt nicht öffentlich angelegt ist. Gab es da Spannungen, die Sie gespürt haben, hat er darüber geredet, warum er das gemacht hat?

Ende: Nein. Aber das hat zunächst einmal relativ banale Gründe gehabt. Er hat nämlich als Präsident der Ausstellungsleitung im Haus der Kunst auch ein Salär bekommen, das war nicht hoch, aber immerhin, er hatte dieses Salär. Und das war ganz bestimmt mit einer der entscheidenden Gründe, warum er das überhaupt gemacht hat. Und natürlich hat er auf die Weise dann auch sehr viel Konnex mit anderen Malern gekriegt.

Krichbaum: Mit Rudolf Schlichter zum Beispiel.

Ende: Ja, Rudolf Schlichter und die ganzen Leute von der Neuen Gruppe, die waren natürlich mehr oder weniger alle mit ihm befreundet. Grad mit Rudolf Schlichter war das eine ziemlich nahe Freundschaft. Und Rudolf Schlichter war auch einer der wenigen Kollegen, die ihn voll anerkannt haben.

Krichbaum: Entschuldigung, mir geistert die ganze Zeit das Bild des Glaspalastes durch den Kopf. Beim Brand 1931 wurden auch Bilder Ihres Vaters vernichtet. Andere Werke wurden ab 1937 während dieser Säuberungsgeschichten aus den Museen entfernt. 1944, in einer Bombennacht, ging ein Großteil der Werke mit dem Brand des Ateliers verloren. Sehr, sehr viele Bilder sind heute einfach unauffindbar. Wie verkraftet es ein Künstler, wenn, nach meinen Rechnungen, fast 70 % des Werkes vernichtet ist, er das miterlebt, wie der größte Teil seines Werkes zerstört wird?

Ende: Das war schon schwer für ihn. Das waren richtige Schläge für ihn. Aber auf eine merkwürdige Art hing er nicht sehr an seinen Bildern. D. h., Bilder haben ihn eigentlich immer nur so lang interessiert, wie er dran arbeitete. In dem Moment, wo sie fertig waren, war's ihm sogar – deswegen gibt's ja auch so wenig Schriftliches, was er hinterlassen hat – war's ihm sogar gleichgültig, wer das Bild kaufte.

Krichbaum: Und man sagt, dass er Bilder auch mit leichter Hand verschenkte.

Ende: Auch das. Ja.

Krichbaum: Nach meiner Meinung rechnet man mit solch einem Verhalten höchstens bei einem Maler, der viele Variationen eines Themas anfertigte oder bei dem die Produktion eher etwas Spielerisches hat. Aber Ihr Vater gehörte zu den wenigen Malern, die jedes Thema gerade nur ein einziges Mal behandelten. Und das angesichts solcher mächtigen Bilder wie die *Engelwalze*, oder *Die Stühle* oder *Fragmente* oder das wunderschöne, an Khnopff erinnernde Gemälde *Die langen Haare*. Das sind Themen, wo ich ganz spontan rufen würde, wie bei den Bildern von Richter oder Salomé, bitte mehr davon, so viel sie können!

Ende: Gut. Aber für meinen Vater war das Thema dann in dem Moment, wo das irgendwie abgehandelt war, nicht mehr interessant. Er war dann fast schon ein bisschen ungeduldig der Sache gegenüber, er wollte dann nichts mehr davon wissen.

Krichbaum: Ja, aber es gibt auch Bilder wie *Der neue Bucephalus,* das eigentlich eine wenig gute Umsetzung einer hervorragenden Zeichnung ist, wo ich sagen würde, da hätte er auf jeden Fall noch mal rangemusst, da hätte er noch eine zweite, eine dritte Version wagen müssen. Und das Thema hätte das hergegeben ...

Ende: Gerade bei solchen Bildern, wie zum Beispiel dem *Bucephalus,* wo er das Gefühl hatte, er hat irgendwie den richtigen Griff dafür nicht gefunden, das hat er dann einfach gelassen. Dann ist er lieber zu was anderem übergegangen. Er hat dann nicht versucht, das noch mal auf eine andere Art zu machen. Was eigentlich verwunderlich ist, denn er war ein sehr geduldiger Mensch, der unendlich lange an einer Sache arbeiten konnte. Aber in dieser Hinsicht war er ungeduldig. Er hatte keine Lust, sich zweimal mit einem Thema zu beschäftigen.

Krichbaum: Und wie geht Ihnen das selber? Verhalten Sie sich ähnlich?

Ende: Nein. Ich habe Themen oft durch Jahrzehnte liegen, meinetwegen nur in skizzierter Form. Dann hab' ich irgendwie gemerkt, das sitzt noch nicht, da komm ich nicht richtig ran, auf die Weise, dann tu ich es in meinen Kladdenschrank und lass es lange liegen. Also zum Beispiel an der *Momo* etwa habe ich sechs Jahre im Ganzen gearbeitet. Vom ersten Entwurf bis zum fertigen Buch dann. Ich hab' natürlich nicht sechs Jahre ununterbrochen daran gearbeitet. Ich hab's mir immer wieder vorgeholt, hab's durchgelesen, hab' nachgedacht darüber, hab' gesagt, ich komm noch nicht dahinter, warum ich noch nicht weiß, wie ich's schreiben soll, hab's wieder weggelegt oder ich hab' zwei, drei andere Seiten dazugeschrieben, hab' mir neue Notizen gemacht, hab's wieder weggelegt, hab's wieder ein bisschen gären lassen, bis irgendwann mal der Moment kommt, wo man plötzlich spürt, jetzt hast du's, jetzt hast du den richtigen Zugang dazu. Und dann gelingt es auch meistens. Auch bei Gedichten ist das so, dass ich die über Jahrzehnte hinweg immer wieder vornehme, ein bisschen daran arbeite, versuche, die eine oder andere Zeile noch zu ändern. Und wenn ich unsicher werde und denke, vielleicht war die andere, erste, doch besser, dann tu ich's wieder weg. Dann heb' ich mir eben beide Fassungen auf und entscheide wieder zwei Jahre später, ob es nun so oder so besser ist. Ich bin da etwas beharrlicher.

Krichbaum: Das war bei Ihrem Vater nicht so, dass er Bilder über einen so langen Zeitraum hat entstehen lassen oder dass er sie nach einer bestimmten Zeit wieder hervorgeholt hat, um sie dann nochmals zu verändern oder zu verbessern?

Ende: Ja, er hat's bei einigen Bildern gemacht. Sie können es auch sehen. ZUM BEISPIEL dieses eine Bild mit dem Löwen und der Madonna. Wir haben es immer genannt: *Die Familie in der Sparbüchse.* Dieser Mann, der da auf den Löwen gelehnt liegt, mit der Frau und den Kindern, die da eingemauert sind, da hat er später dann einen Rahmen drumgemalt. Mal versuchsweise. Oder auch dieses Bild mit dem Pfeil, wo die Leute zum Mond hinauffliegen, da hat er dann noch mal drüberlasiert und wollte es sich wohl noch mal vornehmen, hat es dann aber doch nicht mehr gemacht. Also er hat sich schon alte Bilder nach einer gewissen Zeit wieder vorgenommen.

Krichbaum: Aber letztlich blieben das Ausnahmefälle?

Ende: Ausnahmefälle, ja. Bei diesem Bild hier, mit dem Schiffer auf dem Meer, das hier über mir hängt, wenn Sie da von der Seite gucken, wenn Licht drauffällt, dann sehen Sie ganz deutlich, dass da vorher ein anderes Bild war. Da hat er einfach dann ein altes Bild genommen und drübergemalt. Das Bild heißt *Der Sturm,* von 1930. Unter der ersten Schicht, genau da drunter, sieht man so eine kleine Gruppe von Ringern, das sieht man, wenn das Licht etwas schräg drauffällt. Das hat ihm wohl nicht mehr gefallen. Außerdem musste er ja auch immer mit Leinwänden sparsam sein, es kostete eben alles Geld, und deswegen hat er manchmal dann auch alte Bilder einfach übermalt. Oder er hat sie auf die andere Seite gedreht und hat dort ein zweites Bild draufgemalt.

Krichbaum: Wie lange hat nach Ihrer Erinnerung so ein Vorgang gedauert, vom Finden eines Bildthemas in der bereits beschriebenen Form, über die Zeichnung bis hin zum fertigen Gemälde?

Ende: Das kann ich so präzis nicht sagen, weil Skizzen oft jahrelang liegen blieben. Wenn er dann Lust hatte zu zeichnen, hat er sich den Skizzenkasten vorgeholt, hat sie durchgeblättert und hat dann irgendeine, zu der ihm grade was einfiel, überarbeitet oder verändert. Das konnte Jahre dauern. Und wiederum konnte es Jahre dauern, bis er aus einer Zeichnung dann ein Bild gemacht hat. Aber das eigentliche Malen des Bildes hat im Allgemeinen bei ihm höchstens drei, vier Wochen gedauert. Dabei hat er sehr oft an fünf, sechs Bildern gleichzeitig gemalt. Sie standen dann alle im Atelier rum, auf den Staffeleien, dann ging er mal dorthin und mal dahin. Und wenn er an dem einen Bild sozusagen die Inspiration verloren hatte, ging er zum nächsten und malte an diesem dann weiter.

Krichbaum: Wie viele Bilder, meinen Sie, sind insgesamt verloren gegangen?

Ende: Ich will nicht übertreiben, aber ich würde sagen, wenn ich mir die Stapel da in seinem Münchener Atelier wieder vorstelle, dann dürften allein da, bei der Bombardierung, weit über 300 Gemälde vernichtet worden sein.

Krichbaum: Das wird für Außenstehende immer eine bestürzende Vorstellung bleiben, dass ein Künstler den größten Teil seines Werkes verliert, dann aber Mut findet und weitermacht. Ich muss da gerade auch an Hans Erich Nossack denken, dem bei der Bombardierung Hamburgs sämtliche Manuskripte verbrannten, der aber bis dahin kaum etwas publiziert hatte, und dann als 44-jähriger Mann quasi wieder bei Null anfangen musste. Könnten Sie sich vorstellen, dass Sie in einer ähnlichen Situation, wie Ihr Vater, wieder den Mut finden, noch einmal von vorne anzufangen?

Ende: Ja.

Krichbaum: Und Sie würden dann durchhalten?

Ende: Ja, ich denke schon. Ich meine, Sie dürfen nicht vergessen: Ich bin ja in einen Weltuntergang hinein aufgewacht für diese Welt. Als ich neun war, fing der Krieg an, und als ich fünfzehn war, war der Krieg zu Ende.

Krichbaum: Jetzt wollen Sie doch wohl nicht sagen, dass Sie hartgesotten sind?

Ende: Nicht, dass ich hartgesotten bin, aber man kriegt natürlich so ein merkwürdiges Grundgefühl mit. Ich hab zum Beispiel ja immer große Schwierigkeiten, alles das, was die Menschen heute so wichtig finden, wirklich ernst zu nehmen. Weil ich immer das Gefühl habe, diese Welt ist eigentlich so, wie es jene untergehende Welt war. Das war eigentlich die Wirklichkeit, nicht das, was wir heute haben.

Krichbaum: Man verliert den Maßstab für das Leid?

Ende: Nein. Es war eine Welt, in der man nie wusste, ob man am nächsten Tag überhaupt noch lebte. Also dieses Grundgefühl, gerade wenn man so zwischen zehn und fünfzehn ist, wo man wach wird für die Welt. Man hat eigentlich ständig das Bewusstsein, wenn man sich von jemand verabschiedet, dass man nicht weiß, ob man ihn morgen noch wiedertrifft oder ob es in dieser Nacht sein kann, dass sein Haus abbrennt. Es ist sogar wahrscheinlich, es wäre ein Wunder, wenn es die nächsten zwei Jahre überleben würde. In derartigen Zeiten hat man nicht mehr das

Gefühl, dass die Dinge von großer Dauer sind. Es ist zum Untergrund meines Lebensgefühls geworden, dass eigentlich alles vergänglich ist. Ich kann mich auch vergleichsweise leicht zum Beispiel von Besitz trennen. Es ist nicht der Besitz, der mir wichtig ist, es geht mir höchstens, wenn ich mich trennen muss, um den damit verbundenen Lebensabschnitt, dem man ade sagt. Ich habe kein starkes Besitzgefühl, weil ich eigentlich schon sehr früh gemerkt habe, dass es den eh nicht gibt.

Krichbaum: Aber die Vorstellung, ein Werk zu verlieren, fünfundzwanzig Jahre gewissermaßen vergeblich gearbeitet zu haben, das würden Sie meistern können?

Ende: Ich weiß nicht, wie man dann weiterlebt. Aber wissen Sie, früher oder später geht es doch verloren, ob es jetzt gleich ist oder ob das später kommt. Natürlich ist es schwer, und ich kann mir vorstellen, dass es für einen Schriftsteller, der eine Menge Manuskripte in seinem Kladdenschrank liegen hat, die noch nicht veröffentlicht sind, dass es natürlich schon eine harte Sache für ihn ist, wenn er das alles verliert. Aber ich glaube, dass man das schon bewältigen kann, weil es eigentlich, wie bei meinem Vater, doch vielen Künstlern oder Dichtern vor allem um den Augenblick des Schaffens geht. Der Augenblick, in dem das Bild entstand, das war für meinen Vater zum Beispiel das Wesentliche. Dann, wenn es fertig war, was weiter daraus wurde: also er war ein schlechter Vater seiner Bilder, wenn ich jetzt mal von seinen künstlerischen Kindern rede. Es war ihm nicht wichtig, was aus den Bildern wurde, wenn der Moment des Hervorbringens vorbei war.

Krichbaum: Trotz des Verlustes eines großen Teils seiner Werke hat Ihr Vater auch nach dem Krieg an vielen Ausstellungen im In- und Ausland teilgenommen. ZUM BEISPIEL auch an der berühmten von Edgar Jené für das Saarland-Museum organisierten Ausstellung. Auch auf der Biennale in Venedig war er mehrfach vertreten, und dazu kamen dann noch die vielen Einzelausstellungen. Für den oberflächlichen Betrachter kann der

Eindruck entstehen, dass Edgar Ende im gewissen Sinne permanent mit der Auswahl und den Versandvorbereitungen seiner Werke für bestimmte Ausstellungen beschäftigt war.

Ende: Allerdings! Solange er nicht Direktor bzw. Präsident der Ausstellungsleitung war, war das tatsächlich so. Da standen fortwährend diese riesigen Kisten in unseren Wohnräumen herum. Aber dann, als er Präsident der Ausstellungsleitung war, ließ er das immer über das Haus der Kunst machen, da ging das dann etwas leichter. Da wurde das von den dort zuständigen Leuten eben übernommen.

Krichbaum: Hat sich die Funktion, die er da innehatte, auch positiv auf seine Ausstellungsbeteiligungen ausgewirkt, hat er dadurch Kontakte bekommen, die ihm weitere Ausstellungen ermöglicht haben?

Ende: Ich denke schon. Aber es ist ja nun das Merkwürdige bei meinem Vater, dass er eigentlich durchaus bekannt war, er wurde ja eingeladen zu diesen Ausstellungen, das änderte aber nichts daran, dass er sich trotzdem nicht im gleichen Maße durchsetzen konnte wie etwa ein Magritte, einfach was das Akzeptiertwerden betraf.

Krichbaum: Aber es gab doch Galeristen, die sich für ihn eingesetzt haben?

Ende: Es gab einen Galeristen, der sich sehr stark für ihn eingesetzt hat, das war Günter Franke, in den 30er Jahren in München. Die Galerie Günter Franke, die haben sich sehr große Mühe gegeben, aber da kamen dann eben die Nazis dazwischen.

Krichbaum: Und nach dem Krieg hat sich doch Hartmann …

Ende: Nach dem Kriege hat sich der junge Dr. Hartmann, die Galerie Hartmann, sehr engagiert um seine Sachen gekümmert. Hartmann hat auch Ausstellungen in England zustande bekommen von Bildern meines Vaters. Wobei dann leider wieder mal ein Bild aus England nicht mit zurückkam. Was ich allerdings nachträglich nicht mehr beweisen konnte, weil das ein bisschen zu salopp gehandhabt wurde, die ganzen Versicherungsgeschichten. Und danach, nach dem Tode meines Vaters, dann eben die Galerie Ketterer, die den ganzen Nachlass erst einmal für einige Jahre übernommen hat. Eine große Gesamtausstellung auch gemacht hat, nach der Gedächtnisausstellung im Haus der Kunst. Und dann, leider muss ich das sagen, die Bilder in den Keller gestellt hat und sich nicht mehr weiter drum gekümmert hat. Aus diesem Grund hab ich jetzt die Bilder auch von dort zurückgeholt von der Galerie Ketterer und meinem Verlag gegeben, damit man jetzt endlich etwas Angemessenes dafür tut.

Krichbaum: Von Hunderten von Bildern und Zeichnungen sind meines Wissens nur zwei oder drei Stück verkauft worden.

Ende: Ach, die sind ja gar nicht richtig gezeigt worden. Also wenn mich jemand ausdrücklich danach fragt: Sie sind nicht auf überzeugende Weise gezeigt worden. Es wurde auf den Ketterer-Versteigerungen immer mal das eine oder andere Bild angeboten, aber wenn dann kein sehr großes Interesse bestand, dann hat er es auch wieder weggesteckt und hat weiter nichts getan. Er hat nicht recht dran geglaubt, an das ganze Œuvre.

Krichbaum: Und die paar, die er verkaufte, gingen für einen Spottpreis weg, wenn man das so sagen darf. In diesem Zusammenhang muss ich wieder daran denken, dass Edgar Ende nie seine Zeichnungen ausgestellt hat. Obwohl mir persönlich (und wir sprachen ja schon darüber, dass einige Kunsthistoriker aus den bekannten Gründen sich sofort auf die Zeichnungen konzentrieren werden, vermutlich) also gerade die Zeichnungen mehr von seinem künstlerischen Vermögen offenbaren, als dies die erst danach entstandenen Gemälde tun.

Ende: Also da würde ich differenzieren. Denn es gibt schon verschiedene Bilder, die mehr sagen als die Zeichnungen. Ich denke dabei natürlich besonders an die Gemälde aus den 30er Jahren, etwa an *Die sterbenden Genien* oder dieses Bild mit dem Schlittschuhläufer, der über den Himmel gleitet. Das sind schon Bilder, die wirklich erst als Bilder das verwirklicht haben, was er sich vorgestellt hat. Später dann gebe ich Ihnen recht. Es gibt da verschiedene Zeichnungen, vor allem aus der Nachkriegszeit, die intensiver sind, als das Bild dann geworden ist. Er hat aber dann das eine oder andere Mal auch nach einer neuen Zwischenform gesucht, mit diesen Guaschen, in denen er sehr viel technisch experimentiert hat, mit allen möglichen neuen Materialien auch zum Beispiel mit Leuchtfarbe, um neue Wege zu finden. Er muss wohl gespürt haben, dass er mit den alten, bis dahin benutzten Formen nicht mehr recht weiter kam, dass das anfing, sich in sich selbst zu erschöpfen. Aber den neuen Weg und die ganz neue Form hat er dann doch nicht so schnell gefunden, wie er sich das vielleicht gewünscht hatte. Ich meine allerdings, dass er bald darauf doch wieder zu sehr großartigen Ergebnissen gekommen ist, zum Beispiel in dem Bild mit den beiden Köpfen, die über eine verschneite Berglandschaft hinschweben wie zwei riesige Monde; oder auch in dem Bild, das ich besonders gern habe, *Die Stühle*, wo über eine abendliche Landschaft ein Halbbogen von Stühlen schwebt, auf denen eine Person sitzt. Da meine ich, hat er doch eine malerische Qualität hinzugewonnen, die er vorher gar nicht hatte, die war wirklich ganz neu dazugekommen.

Krichbaum: Interessant ist auch der Unterschied in der Maltechnik der früheren Bilder und der nach 1945 entstandenen.

Ende: Wir haben ja die frühe Phase mal als die »klassische« bezeichnet. Da hat er tatsächlich zum Teil sehr altmeisterlich gemalt, mit dieser Lasurtechnik, bei der er viele Schichten übereinandergelegt hat. Deswegen hat das Malen solcher Bilder auch sehr lange gedauert, weil der Prozess, bis die jeweilige Schicht so weit trocken ist, dass man wieder drübergehen kann, eben sehr langwierig ist. Und dann seine »moderne« Phase, also nach '45, da hat er wirklich oft sehr viel experimentiert.

Krichbaum: Ja, aber diese Bilder haben nie mehr die Plastizität erreicht, die die Gemälde hatten, die vor dem Krieg entstanden sind.

Ende: Nun ja. Aber, weil Sie grad das Stichwort *Plastizität* nehmen. Ich hab' ihn eigentlich immer dazu anregen wollen, verschiedene seiner Motive doch einmal als Plastik zu machen. Es wären, meiner Ansicht nach, sehr schöne Kleinplastiken geworden, wenn er eine dieser Gruppen, die so häufig auf der für ihn typischen Ebene stehen, einfach mal als plastische Gruppe gemacht hätte. Zumal er ein sehr guter Bildhauer war. Ich weiß es, weil im Atelier nebenan, in der Kaulbachstraße, zwei junge Bildhauerinnen wohnten, die haben ihn oft gerufen, wenn sie nicht weiter wussten. Und dann ging er rüber und gab seine Ratschläge.

Krichbaum: Wie hießen die beiden Bildhauerinnen?

Ende: Die eine hieß Inge Erbslöh und die andere hieß Etta Ibach. Etta Ibach ist jetzt die Frau des Galeristen Stangl in München. Also die wohnten da nebenan, und mein Vater ist dann oft rübergegangen und hat ihnen sozusagen die Plastiken korrigiert. Es war ganz offenkundig, dass er eigentlich auch ein sehr guter Bildhauer gewesen wäre.

Krichbaum: Und warum hat er es nie selber gemacht?

Ende: Ich kann es mir nicht erklären, warum er das überhaupt nie versucht hat. Vielleicht aus einem sehr banalen Grund. Um zum Beispiel eine kleine Bronzeplastik zu machen, muss man doch einiges Geld investieren, denn die Gießerei und das Material sind nicht billig. Es gäbe zwar Ton und Holz und Gips. Aber auch damit hat er's nie gemacht. Ich weiß es nicht, warum. Andererseits hat er mal für uns, für die Familie, eine ganze Krippe mit vielen Figuren gemacht. Und für mich hat er ab und zu die herrlichsten Marionetten gebaut und modelliert. Aber wenn es darum ging, die Bilder direkt ins Plastische zu übertragen, dann ist er wohl innerlich zurückgeschreckt; das wollte er nicht.

Krichbaum: Seinem Wegbegleiter, Max Ernst, ist das anscheinend etwas leichter gefallen. Der hat viele seiner Bilder als Vorlage für Plastiken genutzt. Und es ist ja eine ganze Reihe von sehr eindrucksvollen Arbeiten dabei herausgekommen.

Ende: Ja, viele Bilder hätten sich auch bei meinem Vater geradewegs dazu angeboten. Es sind eigentlich gemalte Plastiken, die er da auf die Leinwand gebracht hat.

Krichbaum: Vielleicht war es der *gemalte* Raum, den er nicht aufgeben wollte?

Ende: Das könnte ich mir vorstellen. Wenn er nämlich so eine der Gruppen, wie sie da auf seinen Bildern oft zu sehen sind, wenn er die als Plastik gemacht und dann irgendwo auf einen Sockel gestellt hätte, dann würde natürlich dieser magisch leere Raum darum herum fehlen. Wenn er heute die Gelegenheit hätte, wo man sich ja daran gewöhnt hat, dass zu einem Objekt, zu einer Plastik auch gleichzeitig der Raum mitgestaltet wird, der drum herum ist, dann hätte er das vielleicht sogar gewagt. Aber das war ja zu seiner Zeit noch nicht üblich. Da standen eben in Galerien die Plastiken auf Sockeln herum, zu Dutzenden, und man konnte grade eben um irgend so eine kleine Plastik herumgehen. Vielleicht wäre das heute anders. Aber das hat er ja nicht mehr erlebt.

Krichbaum: Ausgehend von der Tatsache, dass er sich nicht als Bildhauer versucht hat, kommt man natürlich schnell zu dem Ergebnis, dass er sich auch in anderen Techniken, beispielsweise Holzschnitt, oder Aquarell, Aquatinta, mit Ausnahme der Radierung, nur sehr wenig versucht hat.

Ende: Doch. Radierungen und Lithographien gibt es. Radierungen gibt es sogar sehr viele. Allerdings sind die nicht im Nachlass, und ich weiß nicht, wo die geblieben sind. Er hatte jedenfalls eine Druckpresse im Atelier und hat oft auf Zinkplatten radiert. Auf dem Gebiet hat er eigentlich sehr intensiv gearbeitet, an den verschiedenen Radiertechniken, mit geätzter Radierung usw. Ich weiß das noch sehr gut, weil ich nämlich damals immer mit radiert habe. D. h., ich bekam ab und zu mal eine kleine Zinkplatte und durfte dann meine eigenen kleinen Radierungen machen. Und die hat er mit genau demselben Ernst durch die Presse gehen lassen wie seine eigenen. Diese Presse mitsamt dem ganzen zugehörigen Material ging allerdings verloren, als das Atelier verbrannte. Die haben wir nicht mal mehr wiedergefunden in den Trümmern, obwohl so eine Kupferdruckpresse ja ein Riesenapparat ist.

Krichbaum: Aber mit Aquatinta hat er nur wenig gearbeitet.

Ende: Aquatinta hat er im Zusammenhang mit den Radierungen ausprobiert. Und nach dem Krieg dann eben die Lithos.

Krichbaum: Lithos, ja. Wobei auch Bilder entstanden, die nur mit schwarz-blauer Lithofarbe gemalt sind. Doch insgesamt nimmt dieser Teil in seinem Werk nur einen ganz kleinen Raum ein. Ich meine jetzt den mehr oder weniger experimentellen Teil.

Ende: Richtig. Er hat, im Vergleich etwa zu Max Ernst, weniger mit Techniken experimentiert. Das hätte auch nicht zu ihm gepasst. Bei ihm lag der entscheidende Punkt immer in der Findung des Imaginären, in der Findung der Bildidee. Und deswegen konnte er nur relativ wenig Anregung aus der technischen Struktur einer Sache gewinnen. Es gibt ein paar unter den noch übrig gebliebenen Gouachen, wo er z.B. mit Frottagen und dergleichen gearbeitet hat, wo er das auch mal versucht hat, wo er also Geldstücke durchgedrückt hat. Das Bild heißt *Der Geldbaum*, glaube ich. Aber ansonsten hat ihn das nicht weiter interessiert. Da hat er nur mal ein bisschen damit herumprobiert. Aber ohne wirkliches Interesse. Obwohl mir gerade einfällt, jetzt, wo wir darüber reden: Wenn er mal wieder längere Zeiten der Müdigkeit, der Lustlosigkeit oder auch der Depression hatte, dann ist meine Mutter meistens zum Adrian Brugger, einem Malereigeschäft in München, gegangen und hat irgendein Malgerät oder irgendeinen Silberstift oder so was gekauft und hat es ihm mitgebracht. Und einfach über dem Ausprobieren dieses neuen Mittels hat er dann oft wieder Lust an der Arbeit bekommen.

Krichbaum: Das, was in dieser Hinsicht für Ihren Vater gilt, gilt ja doch prinzipiell auch für Sie. Sie sind jemand, der aus Experimenten Anregungen für seine Literatur nimmt …

Ende: Nein. Wenn Sie mich schon fragen: Ich bin ja eigentlich kein Literat, sondern ich bin Geschichtenerzähler. Ich will Ihnen mal mein Schlüsselerlebnis erzählen. Mein Schlüsselerlebnis war, als ich vor zwanzig, fünfundzwanzig Jahren etwa zum ersten Mal in Palermo war. Da gibt es vor dem königlichen Schloss einen großen Platz, und dort sitzen abends nach fünf Uhr die Geschichtenerzähler. Cantastorie nennt man die. Da gab es verschiedene Sorten. Da gab es die klassischen, die so wie Vater Homer richtig skandieren, endlose Versgeschichten – in sizilianisch übrigens, also nicht in italienisch – und die dazu mit einem kleinen Holzschwert den Rhythmus schlagen, also sich selber dirigieren. Da sitzen die Leute in einem weiten Geviert drum herum, und ab und zu unterbricht sich der Geschichtenerzähler mitten im Satz und wartet, bis die Leute genügend Kleingeld vor ihn auf den Boden geworfen haben, und wenn es oft genug geklingelt hat, dann fährt er fort und singt diese endlosen Heldengesänge von Orlando und Rinaldo, die ja noch immer die großen Nationalhelden Siziliens sind. Und dann gab es dort einen anderen, der saß auf einer Anlagenbank – die Männer und die Jungen ganz dicht um ihn herum – und der erzählte. Ungeheuer eindrucksvoll erzählte er, hatte so eine Schirmmütze wie die Buchhalter, so ein Ding mit grünem Schirm auf, gegen die Sonnenstrahlen, und erzählte. Ich stellte mich dazu und hörte mir das eine ganze Weile an. Und irgendwie kam mir die Geschichte, die er da erzählte, entfernt bekannt vor. Als der Mann mal eine größere

Pause machte, näherte ich mich und fragte: Was ist das denn für eine Geschichte, die Sie da erzählen? Und der Mann antwortete, das sei ein Roman von Alexandre Dumas, den habe er von seinem Großvater geerbt, diesen Roman. Er hatte diesen Roman gelesen und daraus hat er nun seinen Beruf gemacht. Seitdem sitzt er nun dort auf der Piazza in Palermo und erzählt diese Geschichte. Sehen Sie, da hab ich mir gesagt, damals, das ist ein Ziel, was man erreichen muss: Dass hundert Jahre nach meinem Tod meine Geschichten in Palermo von Geschichtenerzählern auf der Straße erzählt werden können. Das können Sie mit dem Ulysses von Joyce nicht machen. Aber mit Dumas können Sie das machen. Alexandre Dumas ist eben ein Geschichtenerzähler. Und insofern – das meinte ich damit, wenn ich sagte, ich bin ein Geschichtenerzähler – bin ich eigentlich kein Literat. Im Gegenteil, mich persönlich ärgern gewisse stilistische Koketterien bei Schriftstellern immer etwas. Ich habe dabei oft das Gefühl, als ob mich der Autor mit hochgezogenen Augenbrauen ansieht und zu mir sagt: Hast du auch gemerkt, wie fein ich das wieder formuliert habe? Da werde ich verdrossen. Ich will das nicht. Ich finde, der epische Stil muss transparent sein; er muss so durchsichtig sein, dass er mich zwar einstimmt auf eine gewisse Erzählhaltung, aber dann muss ich ihn vergessen. Ich möchte nicht immerfort auf den Erzähler hingewiesen werden. Ich möchte die Erzählung hören.

Krichbaum: Wie in guten Filmen, wo man nicht ständig an die »Qualität« des Kameramanns denken muss.

Ende: So ist es. Wenn ich nämlich ständig auf die Kamera achten muss, wenn mir dauernd der Kameramann aufdringlich zu verstehen gibt, wie genial er nun wieder unterm Tisch hervor fotografiert hat oder vom Kronleuchter herunter, dann werde ich ärgerlich. Das will ich nicht. Eine gute Kamera ist eine Kamera, die man vergisst, so wie das Auge, das menschliche Auge eigentlich nur dann ein gesundes Auge ist, wenn man es vergisst beim Sehen, wenn man das sieht, was es einem zeigt, aber nicht das Auge selbst sich bemerkbar macht. Wenn das Auge sich selbst bemerkbar macht, ist es krank. Und insofern mag ich eben auch gewisse Stilexperimente nicht und mache sie auch nicht. Was für mich allerdings manchmal schwierig ist, das ist, den richtigen *Tonfall* für eine Geschichte zu finden. Da irre ich mich manchmal, da versuche ich, einen Tonfall wieder aufzugreifen, den ich schon mal in einer anderen Geschichte hatte, und merke plötzlich, mitten im Erzählen, dass das der ganz falsche Ton ist. Also diese Tonfallfrage ist eine andere. Das hat nichts mit diesen stilistischen Experimenten zu tun, das ist eine ganz andere Sache. Man kann gewisse Geschichten nur in einem bestimmten Tonfall erzählen.

Krichbaum: Ein ähnlicher Gedanke kam mir angesichts mancher Nachkriegsbilder Ihres Vaters, wo die malerische Behandlung einiger Themen in keinem glücklichen Verhältnis zum Thema steht. Wo er sich sozusagen ein wenig in der Manier geirrt hat.

Ende: Ja, aber das gibt es natürlich häufiger. Nicht nur bei Edgar Ende, bei vielen modernen Malern. So etwas ist unvermeidlich, sobald die Frage der Machart, also die Frage nach der Manier, ins Zentrum des Bewusstseins tritt. Also praktisch ab dem Manierismus. Also ab Parmigianino oder, wenn Sie so wollen, schon ab Michelangelo.

Krichbaum: Sie haben vorhin in einer, wie ich finde, sehr schönen Klarstellung sich nicht als Literaten, sondern als Geschichtenerzähler bezeichnet. Etwas Vergleichbares hat auch Ihr Vater einmal gesagt. Er sagte, ich bin kein Maler, sondern ein Erfinder von Bilderrätseln. Da gibt es offensichtlich über die Generation hinweg eine ähnliche Vorstellung vom Metier.

Ende: Das mag durchaus sein. Je älter ich werde, desto mehr werde ich mir bewusst, wie viel ich im Grunde in meiner ganzen künstlerischen Konzeption meinem Vater verdanke oder von meinem Vater geerbt habe.

Krichbaum: Ich möchte noch mal auf die Zeichnungen zurückkommen. Denn für mich ist und bleibt es erstaunlich, dass in diesem Bereich des Œuvres Edgar Endes stilistisch gesehen über einen Zeitraum von fast fünfzig Jahren kaum eine Veränderung zu erkennen ist. Ganz im Gegensatz zur Malerei, wo die Veränderung evident ist. Es ist nur schwer möglich, wenn man die Jahreszahl nicht kennt, das Entstehungsjahr der einzelnen Zeichnungen zu benennen. Besonders deutlich wird das bei der Zeichnung *Die Zielträger* von 1956 und der Zeichnung *Spiel der unfertigen Heiligen* von 1959, die zum Beispiel mit Blick auf die Zeichnung *Schwebende Berge* eigentlich Mitte der 30er Jahre entstanden sein müssten …

Ende: Ja, er kehrte oft wieder zurück. Und selbst mir, muss ich sagen, der ich ja die Entstehung der meisten Zeichnungen und Bilder miterlebt habe, fällt es nachträglich oft schwer, sie zu datieren. Obwohl er sporadisch auch in der Zeichnung ganz neue Formen gesucht hat, kehrt er dann plötzlich wieder zurück zu jener Art des Zeichnens, die er zwanzig oder dreißig Jahre vorher hatte. Da gibt es viele Beispiele bei ihm. Da haben Sie ganz recht.

Krichbaum: Also das zeichnerische Werk als basso continuo seines Lebens. Wäre das zu pathetisch?

Ende: Nein, das kann ich durchaus akzeptieren. Im Übrigen haben ja viele zeitgenössische Essayisten und Kritiker immer wieder darauf hingewiesen, dass er eigentlich mehr Grafiker als Maler sei.

Krichbaum: Und ich hatte geglaubt, dieser Vorwurf würde erst noch kommen.

Ende: Er war jedenfalls nie sehr glücklich darüber, weil er seine Zeichnungen eigentlich nie als etwas Endgültiges betrachtet hat. Er hat seine Zeichnungen im Wesentlichen immer nur als Werkskizzen angesehen. Und das, was ihn an solchen Äußerungen am meisten verdrossen hat, das war, dass man unter Malerei im Allgemeinen eben etwas ganz Bestimmtes verstand und er nicht einsehen wollte, dass dieses eine, was man nun offiziell unter Malerei verstand, die einzige Art von Malerei sein sollte, die man gelten lässt. Ich erinnere mich noch daran, wie er einmal von einer Reise aus Italien schrieb, dass man im Grunde genommen dem Michelangelo denselben Vorwurf machen kann wie ihm.

Krichbaum: Und wie lautete dieser Vorwurf?

Ende: Dass er im Grund eben kein Maler ist. Als er die Sixtinische Kapelle gesehen hatte, hat er sich dem irgendwie sehr verwandt gefühlt und gesagt, na ja, da sieht man's, dass es eine ganz andere Malerei gibt, die nicht übereinstimmt mit den üblichen Vorstellungen, dass die Malerei durchaus auch etwas anderes sein kann. Nein, er hat ja immer gegen diesen angeblich guten Geschmack gewettert. Er sagte, guter Geschmack ist eine Tugend der Putzmacherin, das hat mit Kunst nichts zu tun. Wobei er natürlich nicht meinte, dass der schlechte Geschmack etwas mit Kunst zu tun habe. Wo Kunst anfängt, da geht es um was anderes, da geht es nicht um die Raffinesse der Anrichtung, nicht um das Kondiment, nicht um die Soße, in die man das Ganze nun taucht und die dann wohlschmeckend sein muss. Sondern es geht dabei um etwas völlig anderes, es geht eben letzten Endes um das, was, ich glaube Gustav René Hocke, die Idea-Kunst genannt hat, also die Verwirklichung einer Idee. Und generell gehörte eben mein Vater dieser Richtung an. Es ging ihm um die Verwirklichung einer Idee. Es ging ihm sogar noch nicht einmal darum, die nun bis ins Letzte hinein zu verwirklichen, sondern in dem Moment, wo sie da war, wo sie sichtbar war, war's ihm schon genug, war der wesentliche Teil der Arbeit getan.

Krichbaum: Die Bezugnahme auf Michelangelo ist insofern interessant, weil Michelangelo für die Ausmalung der Sixtinischen Kapelle und nicht nur für dieses Projekt, sondern für viele andere Projekte auch, Studien nach dem Leben machte. Man weiß, dass er durch die Spelunken Roms gewandert ist, um Gesichter, Personen und Charaktere zu finden, um Skizzen von ihnen anzufertigen und um sie dann an die Decke der Kapelle zu malen. Gab es etwas Ähnliches auch bei Ihrem Vater, dass er für seine Gemälde in der Natur gewissermaßen nach Vorlagen suchte?

Ende: Ja, absolut. Ich bin viele Wochen zum Beispiel mit ihm unten in der Universitätsreitschule in der Königinstraße in München gesessen, wo er Pferde studiert hat, von allen Seiten, in allen Bewegungsphasen. Er hat da sehr, sehr viele Studien gemacht, aber das ist alles verbrannt. Diese vielen Skizzen, die zum Teil wirklich sehr gut waren, sind leider alle verbrannt. Und auch wenn er Portraits malte, dann hat er das ja nicht einfach nur so runtergemalt, sondern er hat von derselben Person mindestens zehn verschiedene Studien vorher gemacht, er hat das erst mal gezeichnet, und erst danach ist er auf die Leinwand gegangen, wenn er sich entschieden hatte, wie er das Gesicht nun überhaupt nehmen will. Aber Tierstudien, Naturstudien, Baumschlag, wie man das nennt, also solche Dinge hat er mit sehr viel Ausdauer betrieben.

Krichbaum: Baumschlag, das ist …

Ende: Baumschlag ist ein technischer Ausdruck, d. h. also, wenn man einen Baum malt, dann kann man ja nicht jedes einzelne Blatt zeichnen, und deswegen gibt es bestimmte Techniken, dass man zum Beispiel Eichenlaub von Lindenlaub schon an der Art, wie man es hinskizziert, unterscheiden kann, ohne dass man dabei das einzelne Blatt malen muss.

Krichbaum: Ich würde gern noch mal auf Michelangelo …

Ende: Ja, da wollte ich nur noch hinzufügen, dass Michelangelo gerade die Sixtina signiert hat mit »Michelangelo Sculptor«. Mit einem gewissen Trotz also hat er das drunter geschrieben. Denn er sagte von sich, ich bin kein Maler wie Raffael oder wie Leonardo.

Krichbaum: Es gibt diese Beziehung zu Michelangelo, die Behandlung der Perspektive weist aber auch auf Mantegna und natürlich Ucello. Man könnte gewiss noch eine ganze Reihe von anderen Namen nennen. Gab es eine tiefere Beziehung zu Italien, war er häufiger dort?

Ende: Er war nicht häufiger in Italien. Er war, wenn ich mich nicht irre, in seinem Leben vielleicht drei- oder viermal in Italien. Er war als junger Mann einmal in den 30er Jahren zusammen mit seinem Bruder in Rom. Und diese Reise hat ihn sehr beeindruckt damals. Und dann war er noch mal in seinen späteren Jahren – da muss er schon sechzig gewesen sein –, da war er noch ein- oder zweimal in Italien. Aber was Sie vermuten ist richtig: Er hat die italienische Malerei mit sehr großer Aufmerksamkeit studiert. Sie hat ihm sehr viel bedeutet. Gerade die Renaissance-Malerei, zum Beispiel Giorgione, das war für ihn außerordentlich wichtig.

Krichbaum: Vermutlich auch Giotto, wenn man die flache Farbigkeit der Bilder ansieht.

Ende: Giotto hat er natürlich sehr bewundert, aber ich glaube, er hat von ihm nicht so viel gelernt, wie beispielsweise von Giorgione, und dann von den ganzen Manieristen, angefangen bei Michelangelo bis hin zu Parmigianino. Da hat er eine Menge gelernt für seine eigene Arbeit. Da hat er sich sehr bestätigt gefunden. Es ist ja das Merkwürdige bei meinem Vater, dass so ein tiefer Widerspruch in seinen Bildern ist, ein schöpferischer Widerspruch. Dass er auf der einen Seite immerfort so ein klassisches, geradezu mediterranes Element in seinen Bildern hat, aber auf der anderen Seite alles in eine ganz und gar im Grund nordisch mythische Düsternis getaucht ist. Ich habe mal versucht, das mit einem Gedicht, das ich für meinen Vater geschrieben habe, auch zu charakterisieren, indem ich sage: Mein Vater wohnte an einer arkadischen Küste, an die die Wellen des Eismeeres spülten. Dort regierte er als geduldiger König sein menschenleeres Reich. – Es ist tatsächlich ein Arkadien, an das die

Wellen des Eismeeres spülen. Und diese merkwürdige innere Spannung herrscht eigentlich auf all seinen Bildern.

Krichbaum: Bei diesem Stichwort denkt man natürlich sofort an das wunderschöne Bild von Caspar David Friedrich in der Hamburger Kunsthalle *Die gescheiterte Hoffnung,* wo eine Kogge von einem Meer aus Eisschollen zermalmt wird. Vielleicht war sie mit einer Fracht nach Italien unterwegs. Oder sie kam gerade von dort, beladen mit den schönsten Dingen, die man sich denken kann, zurück.

Ende: Ja. Also die italienische Malerei und die italienische Architektur hatten ganz zweifellos auch auf ihn einen sehr großen Einfluss gehabt. Er kannte das alles. Und ich glaube, er bewunderte an Italien auch das grundsätzlich *Andere,* das ihn seine eigenen Vorstellungen umso deutlicher spüren ließ.

Vierter Tag

Krichbaum: Wenn ich das richtig interpretiere, gilt das, was Sie gestern über Ihren Vater gesagt haben, ja auch für Sie. Nur sind Sie noch einen Schritt weiter gegangen. Sie haben Italien für viele Jahre zu Ihrer Heimat gemacht. Geschah das, weil auch Sie sich in dieser Kultur zuhause fühlten, weil Ihnen die Art zu leben mehr zusagte, oder war es, wenn ich da an das Beispiel mit dem Geschichtenerzähler aus Palermo denke, weil Sie diese Sprache fasziniert hat?

Ende: Da kommt natürlich vieles zusammen. Vor allem habe ich durch die italienische Sprache meine eigene Sprache besser verstehen gelernt und ich …

Krichbaum: Ist sie eher in der Lage bzw. kann man mit ihr leichter Geschichten erzählen?

Ende: Eher in der Lage, würde ich nicht sagen. Man kann auf Italienisch andere Geschichten erzählen als auf Deutsch. Das Italienische ist ja eine rhetorische Sprache. Es ist eine Sprache, die einen wie ein Zauberteppich trägt. Man kann sich draufsetzen auf diese Sprache und kann die Sprache fliegen lassen.

Krichbaum: Und das kann man mit dem Deutschen nicht?

Ende: Die deutsche Sprache ist kein Zauberteppich, auf den man sich setzen kann, sondern sie ist eine Sprache, die man ganz intensiv mit der eigenen Person verbinden muss, damit sie schön wird. Die deutsche Sprache gestattet viel individuellere Ausdrücke; aber man muss sie erst gestalten. Im Italienischen, möchte ich sagen, ist es sehr schwer, irgendetwas, irgendeine Lebenserfahrung *neu* zu formulieren. Weil es eigentlich für alles, für jede Erfahrung des Lebens im Italienischen schon eine feste Form gibt, seit Jahrhunderten. Das kann man auch nicht mehr ändern. Während im Deutschen der Vorteil gerade der ist, dass man wirklich die Dinge so sagen kann, als ob man sie zum ersten Mal sagte.

Krichbaum: Man kann sich also im Deutschen gewissermaßen seine *eigene* Sprache schaffen.

Ende: Man kann sich nicht nur seine eigene Sprache schaffen. Sie werden feststellen, dass jeder gute deutsche Schriftsteller das sogar tun *muss*. Er kann gar nicht umhin, es zu tun. Schauen Sie, solche Unterschiede wie zwischen Hölderlin und Kleist – der eine schreibt gewissermaßen ein griechisch gedachtes Deutsch und der andere ein lateinisch gedachtes Deutsch, und beides ist schönstes Deutsch – solche Unterschiede gibt's im Italienischen überhaupt nicht. Eine derartige Spannweite der Sprache. Man kann die Sprache gar nicht so weit transformieren. Im Italienischen ist es im Grunde ähnlich wie im Französischen: Es gibt eigentlich nur *ein* schönes, richtiges Italienisch. Und das ist weitgehend eine Frage des Wortschatzes, der sogenannten *parole scelte*, der Gewähltheit der Sprache, der Kultiviertheit der Sprache. Also ist es keine Frage der persönlichen Umgestaltung der Sprache. ZUM BEISPIEL diese Versuche, die im Expressionismus gemacht worden sind im Deutschen, die Sprache, die Grammatik, regelrecht zu zerbrechen und dadurch eine gewisse Transparenz zu erzielen. Wie es etwa August Stramm machte, der ein Adjektiv in ein Verb verwandelt oder ein Substantiv in ein Adjektiv usw. Das alles können Sie im Italienischen gar nicht machen. Das wird da ganz einfach Nonsens. Das geht nicht. Das erlaubt die Sprache nicht. Als ich vor fünfzehn Jahren hierher kam, da habe ich, jedenfalls in der ersten Zeit, die Italiener ungeheuer beneidet um diese Sprache, mit der man alles sagen kann, ohne dass es eigentlich ein persönliches Risiko bedeutet.

Krichbaum: Und das Italienische verletzt auch nicht so sehr, wie es das unkontrolliert verwendete Deutsche kann.

Ende: Ja. Das natürlich auch. Und Sie müssen sich auch nicht so persönlich exponieren im Italienischen. Das gibt es im Italienischen gar nicht, so wie es das im Deutschen gibt. Sie brauchen sich nicht ständig persönlich auszuliefern. Im Deutschen müssen Sie sich andauernd stellen und sich ganz persönlich ausliefern. Wenn Sie das nicht tun, wird die deutsche Sprache sofort hässlich. Sie ergibt sich Ihnen nicht mehr. Sie wird sofort leer. Und das ist im Deutschen viel peinlicher als etwa im Italienischen. Ein italienischer Politiker kann wunderbar eine Stunde lang reden, ohne etwas zu sagen. Und es hört sich fabelhaft an. Es wirkt nicht peinlich. Wenn ein deutscher Politiker dasselbe macht, wird es sofort lächerlich. Man hört sofort, dass es leer ist, dass er nichts zu sagen hat.

Krichbaum: Da haben wir ja im Augenblick ein ganz besonders anschauliches Beispiel.

Ende: Ich glaube, da haben wir mehr als nur ein Beispiel. Jedenfalls war es das zunächst einmal, was meinen schieren Neid erweckt hat, als ich die italienische Sprache kennenlernte. Ich will das mal an einem Beispiel erklären. Sie können zum Beispiel auf Italienisch sagen: *questa poesia é sofferta*, d. h., wörtlich übersetzt, dieses Gedicht ist erlitten. Das ist ein üblicher Ausdruck. Damit betont man, dass der Mann weiß, was er sagt. Er hat das erfahren. Es steckt seine ganze Lebenserfahrung dahinter. Im Deutschen müssen Sie schon drei, vier Sätze machen, um zu erklären, was dieser Satz heißt.

Krichbaum: Im Deutschen könnte man beispielsweise sagen: Er hat sein Gedicht mit Herzblut geschrieben.

Ende: Ja, aber schon indem Sie das sagen, wie Sie es eben gesagt haben, exponieren Sie sich.

Krichbaum: Ah ja.

Ende: Im Italienischen ist das eine Formel, die quasi unpersönlich ist; wenn Sie sie benutzen, riskieren Sie gar nichts. So sagt man das seit Jahrhunderten. Sie finden diesen selben Satz schon bei Boccaccio. Es ist einfach zu einer feststehenden Formel geworden. Und so gibt es für alle Situationen und Bereiche des Lebens diese feststehenden Formeln, die sozusagen ein in der Sprache abgelegtes Erfahrungsgut eines ganzen Volkes sind, die gar nicht mehr persönlicher Ausdruck sind. Während Sie ja gerade im Deutschen fortwährend nach diesem persönlichen Ausdruck suchen müssen. Diese Erfahrung hat mir außerordentlich viel erklärt über Deutschland, über die spezielle Problematik Deutschland. Der Deutsche muss, um sich mit seiner Sprache zu verbinden, ganz intensiv, mit seinem eigenen Ich, wirklich in diese Sprache eintreten. Er muss sie zu *seiner* Sprache machen, zu seiner ganz persönlichen Sprache. Nur dann ist sie schön. Aber dann ist sie auch schöner und viel nuancenreicher. Und ich sage das jetzt, nach fünfzehn Jahren Italien. Dann ist die deutsche Sprache schöner und nuancenreicher als die italienische, weil sie dann nämlich etwas ermöglicht, was den Sprechenden in einer Art und Weise kenntlich macht, offenbar macht, wie das in romanischen Sprachen überhaupt nicht möglich ist.

Krichbaum: Jetzt verstehe ich die Behauptung, die mir früher immer etwas zu selbstgefällig schien, dass Shakespeare auf

Deutsch übersetzt Shakespeare bleibt. Aber Shakespeare auf Italienisch wird zu Dante.

Ende: Natürlich. Auf Italienisch ist Shakespeare ein italienischer Autor. Sie hören den englischen Autor nicht mehr. In der deutschen Übersetzung hören Sie noch den englischen Autor. Gerade deswegen übrigens, weil die deutsche Sprache so bildsam, so biegsam, man könnte auch negativ sagen, so amorph ist. Und eigentlich von sich aus so wenig zwingt zu einer bestimmten Form und man ihr die Form jedes Mal erst geben muss, ganz persönlich. Deswegen ist die deutsche Sprache die wunderbarste Übersetzungssprache, die es überhaupt gibt. Sie können beispielsweise einen russischen Autor im Deutschen so übersetzen, dass Sie wirklich das Russische durchschmecken. Wenn Sie dagegen eine Dostojewski-Übersetzung in Italienisch lesen, dann ist das einfach lächerlich. Es ist ganz unmöglich, es wird ein italienischer Autor draus. Die italienische Sprache färbt dermaßen stark alles ein, was sie aufnimmt, dass sofort etwas Italienisches draus wird. Das ist ein Vorzug und eine Last zugleich. Ich habe mich viel mit italienischen Autoren darüber unterhalten. Die wiederum uns gerade beneiden um diese Möglichkeit, die eine so offene Sprache wie unsere bietet, weil sie eben vielfach das Gefühl haben, dass sie in ihrer Sprache übermäßig gebunden sind, auch im traditionellen Sinne. Man darf ja nicht vergessen, dass die italienische Sprache sich seit Dante und Boccaccio viel, viel weniger verändert hat als unsere Sprache. Unsere Sprache verändert sich ja in jedem Jahrhundert dreimal. Selbst Grimmelshausen oder die Luther-Bibel können Sie ohne Anleitung heutzutage schon gar nicht mehr so ohne Weiteres lesen.

Krichbaum: Weil sie sich verändert und weil sie permanent auch Einflüsse aus anderen Sprachen in sich aufnimmt. Aus dem Lateinischen oder aus dem Französischen, dann aus dem Englischen und heute aus dem Amerikanischen.

Ende: Richtig. Das kommt dazu. Und auch das ist in Italien anders: Obwohl alle Italiener noch diesen merkwürdigen Wunschtraum von Amerika haben. Also dieser alte Mythos von Amerika als dem Land der unbegrenzten Möglichkeiten, der lebt im italienischen Volk viel stärker als bei uns. Aber die italienische Sprache weigert sich einfach, amerikanische Brocken aufzunehmen. Außer *okay* gibt es im Italienischen eigentlich wenig, nicht einmal *Striptease* gibt es auf Italienisch, das heißt eben *spogliarello*, also Ausziehherchen. Man muss das ins Italienische übersetzen, weil die italienische Zunge sich weigert, fremde Worte aufzunehmen. Auch das ist wieder ein Vorzug und ein Nachteil zugleich. Denn beim Deutschen ist damit eine ständige Gefahr der Verhunzung der Sprache gegeben. Auf der anderen Seite ist dieses Offensein aber auch wieder eine große Möglichkeit, die die deutsche Sprache hat. Ein Qualitätsbeweis. Sie lebt so lange, solange sie sich intensiv mit den einzelnen Sprechenden wirklich verbindet. So lange ist sie lebendig, und sie wird sofort unerträglich, sie sinkt förmlich sichtbar zu einem Häufchen Elend zusammen, wenn einer im Deutschen Phrasen drischt.

Krichbaum: Da muss jetzt natürlich die Frage nach der Qualität der italienischen Übersetzung Ihrer Bücher kommen.

Ende: Wie gesagt, es gibt eine Menge Probleme bei italienischen Übersetzungen. Die italienische Übersetzung ist die einzige, die ich einigermaßen beurteilen kann, denn mein Englisch ist nicht so gut, dass ich wirklich Nuancen heraushören kann. Also diese Tonfallfragen, die kann ich nicht mehr beurteilen im Englischen. Da bin ich angewiesen darauf, dass das der Übersetzer schon verstanden hat. Im Französischen oder im Spanischen auch. Also ich kann's ungefähr verstehen, wenn ich es lese, aber ich kann nicht mehr beurteilen, ob es eine gute oder eine schlechte Übersetzung ist. Im Italienischen kann ich das einigermaßen. Und genau da zeigt sich, dass es eine ganze Menge von Nuancen gibt, die einfach ins Italienische nicht übersetzt werden können. Abgesehen jetzt mal von den Wortspielen, die ja immer in meinen Büchern vorkommen, meinetwegen das Wort Einsiedler, das bei mir zum Wort Zweisiedler wird, oder dergleichen Dinge, so etwas geht eben im Italienischen nicht.

Krichbaum: Wie heißt das im Italienischen, *Zweisiedler*?

Ende: Wir haben nach langen Überlegungen *Bisolitari* genommen, was sinngemäß also der *Zwieeremit* heißen würde. Dieses Wort enthält zusätzlich so einen gewissen witzigen Widerspruch. Aber es ist doch nicht so unmerklich wie das Wort Zweisiedler, das man einfach schluckt, und erst zwei Minuten später sagt man: Was war das denn eben für ein komisches Wort? Zweisiedler ist übrigens nicht von mir, muss ich noch hinzufügen. Das Wort Zweisiedler ist von Nietzsche. Das kommt im *Zarathustra* vor. Gut, also das kann man alles mit dem Deutschen machen. Das kann man im Italienischen nur sehr schwer machen. Die italienische Sprache ist verhältnismäßig arm an Wortspielen, also im Vergleich zum Englischen oder auch zum Deutschen. Weil die Sprache nicht zweideutig ist.

Krichbaum: Dafür ist sie aber sehr anschaulich und bildhaft, was man von der deutschen Sprache nicht gerade behaupten kann.

Ende: Anschaulich vielleicht, aber nicht bildhaft! Nein, die italienische Sprache ist eine fast metaphernlose Sprache. Im Italienischen sagt man alles immer genau so, wie es gemeint ist. Ausdrücke wie etwa im Deutschen *Fersengeld geben, verduften, Leine ziehen* usw., dafür gibt es im Italienischen einen Ausdruck und damit basta. *Tagliare la corda.* Aber das ist auch schon alles. *Das Tau kappen;* das kommt aus der Schifffahrt wohl. Also sie ist vergleichsweise metapherarm, und gerade das hat oft beim Übersetzen Schwierigkeiten gemacht, weil eine Metapher ja schon etwas Bildhaftes, aber auch wieder meistens etwas Offengelassenes ist, wo man ein bisschen erahnen muss am Wortbild, was nun eigentlich gemeint ist. Man sagt es nicht so direkt. Und wenn das nun einfach übersetzt wird auf den Sinngehalt hin, ganz direkt, dann hat man oft das Gefühl einer Verarmung.

Krichbaum: Sie würden also Sätze wie »Die Würfel sind gefallen« oder »Den Rubicon überschreiten« u. d. m. nicht als Beispiele einer bildhaften Sprache gelten lassen?

Ende: Das sind alles Redensarten aus der Antike. Und im modernen Italienisch wird das nur benützt als Bildungsgut, wie eben bei uns auch. Aber nicht mehr. Es gibt nicht viele Metaphern im Italienischen. Mit der Tatsache der Verschiedenheit der Sprachen hängt im Übrigen ungeheuer vieles zusammen, auch was die Verschiedenartigkeit der Nationalcharaktere betrifft. Ein Italiener kann sich getrost dem Chaos des Lebens überlassen. Er tut es sogar mit einem gewissen Vergnügen, weil er eine Sprache hat, die ihn immerfort auffängt. Das Letzte, was den Italiener in einer katastrophalen Situation verlassen würde, ist die Fähigkeit, sich zu artikulieren. Diese Fähigkeit, zu artikulieren bleibt immer. Die trägt ihn gewissermaßen und die schafft auch immerfort die Ordnung. Italienisch ist eine sehr logische Sprache. Eine Sprache, die ein ungeheuer starkes Lebensgerüst gibt, und deswegen kann man sich mit ihr viel sorgloser als der Deutsche dem Chaos überlassen. Der Deutsche könnte das nicht. Der braucht Ordnung. Obwohl diese Ordnungsliebe, die ja international berühmt ist, eigentlich weniger mit Liebe zur Ordnung als vielmehr mit der Angst vor dem Sich-Verlieren im Chaos zu tun hat. Denn der Deutsche kann sich nicht auf sein Artikulationsvermögen verlassen. Das Allererste, was den Deutschen verlässt, wenn er in Verwirrung gerät, ist ja tatsächlich die Sprache. Er fängt an zu stammeln, er fängt an zu stottern. Er holt seine Sprache nicht mehr ein. Und wird deswegen dann auch brutal bisweilen sogar. Weil er sich hilflos fühlt, muss er also ständig äußerlich diese Ordnung herstellen. Und er stellt sie her durch äußere Organisationsformen, um sich nicht zu verlieren. Denn es ist eigentlich schon eine riesige Anstrengung, sich ständig mit der Sprache so intensiv zu verbinden, dass sie wirklich den Menschen ausdrückt.

Krichbaum: Ich könnte mir vorstellen, dass eine Sprache wie das Italienisch, die sich vielfach erprobter Redewendungen und Formeln bedient, die persönliche Ausgestaltung wie das Deutsche kaum zulässt, dass eine solche Sprache all die, die mit ihr umgehen, auf Distanz hält. Ist das so?

Ende: Nein. Gerade das Gegenteil ist der Fall. Die Sprache ist so stark Allgemeingut, dass man auf der Ebene der Sprache sich sofort treffen kann. Ich habe immer das Gefühl, es gibt unter den Italienern viel weniger Missverständnisse. Also die Notwendigkeit, sich zu erklären, ist viel geringer im Italienischen, weil in dem Moment, in dem man miteinander redet, ja diese jahrhundertealten Erfahrungen einfach ausgetauscht werden. Und die werden von allen verstanden. Man erklärt sich auch gar nicht so weit persönlich, wie das der Deutsche tut. Diese Intimität, die das Deutsche notwendig macht, um sich gegenseitig zu erklären, liegt den Italienern nicht. Was nicht heißt, dass da fortwährend distanzierende Momente überwunden werden müssen. Nein. In der italienischen Sprache hat man sofort ein Terrain der Gemeinsamkeit. Ein beinah familiäres Element.

Krichbaum: Trotzdem, wenn die Sprache sich gegen die persönliche Ausgestaltung sträubt, wenn hauptsächlich Familiäres und weniger Intimes beim Sprechen zustande kommt, dann heißt das doch nicht, dass tiefere Gefühle und Probleme nicht da sind. Die kommen dann lediglich nicht zur Sprache, wie man so schön sagt.

Ende: Das ist eine Frage, die ich jetzt gar nicht so auf Anhieb beantworten kann. Ich hab mich oft gefragt, ob das, was in der Sprache nicht vorkommt, auch im Bewusstsein nicht vorkommt. Also um das wieder an einem Beispiel zu erklären: Im Italienischen zum Beispiel gibt es das Wort *Ahnung* nicht. Die Ahnung. Also was wäre die ganze Romantik ohne die Ahnung, oder sogar Ahnden. Ein wunderschönes Wort. Das heißt auf Italienisch *intuizione. Intuizione* ist was völlig anderes. Sie müssen es aber übersetzen mit *intuizione* oder *intuiere,* also ahnen: *intuisco,* ich ahne. Das heißt aber korrekt übersetzt: es wird mir etwas klar. Und das ist was völlig anderes als ahnen. Gerade diese Nuance, das Ahnen, das gibt es nicht in der italienischen Sprache. Dort gibt es auch keinen Unterschied zwischen *Gewissen* und *Bewusstsein.*

Krichbaum: Und womöglich gibt es auch kein schlechtes Gewissen?

Ende: Nein, ein schlechtes Gewissen haben heißt: ein schmutziges Bewusstsein haben. *Una coscienza sporca.*

Krichbaum: Das wäre für mich fast so, als gäbe es keinen Unterschied mehr zwischen gewissenlos und bewusstlos.

Ende: Für uns ist ja Gewissen immer noch das, was aus irgendwelchen dunklen Tiefen heraus uns mahnt oder was man eigentlich nie so richtig fassen kann. Man weiß nicht recht, was das eigentlich ist, das Gewissen.

Krichbaum: Gewissen hat aber auch eine theologische Dimension. Und die gäbe es dann im Italienischen auch nicht …

Ende: Nein, das ist immer: *coscienza.* Im Italienischen ist das: Bewusstsein. Da haben Sie die Unterschiede nicht. Das ist eine andere Art, die Welt zu erleben. Nun weiß ich gar nicht, ob das, was wir Gewissen nennen, deswegen, weil es in der italienischen Sprache nicht vorkommt, auch im Bewusstsein nicht vorkommt, oder ob es doch vorkommt. Es ist jedenfalls auffallend, dass die Sprache diese Nuance nicht hat.

Krichbaum: Dazu ein Beispiel. Man sagt den Eskimos nach, dass alles, was in Form von Schnee vom Himmel fällt, von ihnen mit ungefähr fünfundzwanzig Bezeichnungen belegt werden kann. Da gibt es also Matschschnee, Eisschnee, Pulverschnee, Neuschnee, Lagenschnee, Kristallschnee, Staubschnee, Puderschnee, Spiegelschnee, Nebelschnee vielleicht. D. h., diese verschiedenen Aggregatzustände des Schnees können von den Eskimos problemlos bezeichnet werden. Das gibt es alles. Ich persönlich kann diese ganzen Schneearten nicht bezeichnen. Aber gleichwohl existieren sie. Und ich spüre natürlich, dass da etwas existiert, für das ich keine Worte habe. Also würde ich denken, dass die Italiener zwar den Begriff Bewusstsein haben, aber durchaus auch eine Ahnung von dem haben, was Gewissen sein könnte. Und vielleicht suchen sie schon nach einem passenden Wort …

Ende: Vielleicht. Aber bis dato existiert dieses passende Wort nicht. Das gilt auch für andere Bereiche. Wenn Sie Übersetzungen der deutschen Philosophen ins Italienische lesen, dann haben Sie auch da das Problem, dass sich das völlig anders anhört, weil etwa das, was wir an Unterschieden machen zwischen Gedanke, Begriff und Idee usw., Unterscheidungen und Nuancen sind, die in dieser Form im Italienischen keine wesentliche Rolle spielen. Die sind austauschbar untereinander. Die sind nicht so präzis. Also man kann tatsächlich im Deutschen wesentlich besser philosophieren.

Krichbaum: Ich muss zugeben, dass ich das aufschlussreich finde.

Ende: Ja. Und mich hat es eben interessiert, weil es mir ungemein viel über meine eigene Kultur und über meine eigene Nation erklärt hat. Ich habe, seit ich in Italien lebe, angefangen, Deutschland wesentlich besser zu verstehen, als ich das jemals vorher konnte, als ich noch in Deutschland lebte. Und ich kann es wirklich nur jedem, der schreiben will in deutscher Sprache, empfehlen, mal für einige Jahre ins Ausland zu gehen, um die eigene Kultur und die eigene Nation eine Zeit lang mit den Augen der anderen zu betrachten. Man wird ungeheuer viel an Positivem, und Negativem natürlich, sehen, was man nicht sieht, solang man drinsteckt.

Krichbaum: Kann man es enger fassen und sagen, dass Sie sich jetzt auch selber besser verstehen?

Ende: Ich verstehe mich selber natürlich auch besser.

Krichbaum: Und eventuell können Sie sich jetzt auch etwas leichter mit Ihrem Land identifizieren, als das früher der Fall war?

Ende: Ja, ich will versuchen, das, was ich jetzt gelernt habe hier in Italien, nun mal anzuwenden, wenn ich zurückkomme nach Deutschland.

Krichbaum: Fällt es Ihnen jetzt auch leichter, sich als Deutscher zu fühlen?

Ende: Ich hab' mich immer als Deutscher gefühlt. Ich habe die Tatsache, dass ich deutscher Schriftsteller bin, nicht nur nie negiert, ich habe es sogar immer betont, denn es ist für mich ganz selbstverständlich, dass ich der deutschen Kultur das Beste verdanke, was ich habe. Das hat nichts mit irgendeinem Nationalismus zu tun, sondern es ist einfach der Boden, aus dem ich herausgewachsen bin. Und ich wär' ja gar nicht vorhanden zum Beispiel ohne Novalis, ohne Brentano oder Tieck, das sind ja meine geistigen Väter.

Krichbaum: Deutsch jetzt im Sinne von Kultur, nicht als Land, nicht als Gebiet.

Ende: Ein landschaftliches Heimatgefühl habe ich nie gekannt. Das habe ich aber auch als Kind schon nicht gekannt. Heimatgefühl, das habe ich nur bei Menschen. Das habe ich nie bei Landschaften, was nicht heißt, dass ich eine schöne Landschaft nicht genießen kann. Aber ich habe doch nie das Gefühl, hier oder dort in dieser Landschaft nun wirklich verwurzelt zu sein. Das kenne ich nicht. Andererseits gibt es ja nun wirklich alles Mögliche in der deutschen Geschichte, was von Wichtigkeit auch für die anderen Nationen war. Mich hat eigentlich interessiert, bei diesem Aufenthalt im Ausland, was das ist: Deutschland. Was ist die deutsche Stimme im Konzert der Nationen, die die anderen Völker brauchen und hören wollen, denn es gibt etwas ganz spezifisch Deutsches, was eben nur in Deutschland entstehen kann.

Krichbaum: Zum Beispiel?

Ende: Ja, zum Beispiel, wenn ich in Frankreich etwa fragte, wer ist für euch denn so im positiven Sinn jetzt der deutscheste Dichter. Dann hat man mir nie gesagt Schiller oder Kleist oder Goethe. Sondern man hat mir immer gesagt E. T. A. Hoffmann. So was, sagte man mir, kann nur in Deutschland entstehen. Das hätte in Frankreich nie entstehen können oder in England auch nicht. Das ist eben etwas typisch Deutsches. Wie überhaupt die deutsche Romantik vielleicht die erste große originale deutsche Kulturleistung war. Bis dahin war eigentlich alles ein bisschen, zumindest in den Formen, übernommen von den anderen europäischen Kulturen.

Krichbaum: Das Beispiel Hoffmann ist sehr typisch für die Vorstellung vieler Franzosen, dazu das Stichwort Romantik; das alles geht leider gut zusammen mit einem ihrer dümmsten Vorurteile, wonach die Deutschen gefühlstrunkene, zum klaren Denken unfähige Gesellen seien. Und das mit Hinweisen auf Pascal, Descartes und Voltaire versehen. Wo man hierzulande sagt, wer die gelesen hat, darf eigentlich solche Dummheiten nicht von sich geben.

Ende: Ja, wenn man hier Romantik mit Unklarheit verwechselt, dann liegt das vielleicht daran, dass man sich nicht genügend mit dem Konzept der Romantik beschäftigt hat. Denn zum Beispiel gerade was Novalis in seinen Aphorismen geschrieben hat, das ist zum Teil von einer wirklich fulminanten Klarheit. Also man kann dem nicht irgendwelche Gefühlsnebelhaftigkeit vorwerfen. Das stimmt einfach nicht. Man benützt ja das Wort »romantisch« auch zumeist in einem etwas uneigentlichen Sinn. Wenn man heute sagt, jemand ist Romantiker, dann meint man, dass der sich gerne in den Mondschein setzt und Gitarre dazu spielt. Die Romantik ist aber doch eine viel größere Konzeption gewesen. Das ist eine ganze Kulturland Weltkonzeption gewesen, eine philosophische Weltkonzeption; nehmen Sie Fichte, nehmen Sie letzten Endes sogar Hegel, der gehört ja auch noch mit in diese ganze Kulturbewegung mit hinein. Diesen Leuten kann man nun weiß Gott nicht Unklarheit vorwerfen.

Krichbaum: Dennoch, da wir gerade beim Stichwort Romantik sind. So weit von dort bis zum Mystizismus ist es nun auch wieder nicht.

Ende: Ja, und hier ist wieder dasselbe Missverständnis, wenn man meint, Mystik sei etwas Unklares, dann hat man sich eben einfach zu wenig mit Mystik beschäftigt, kann ich da nur ganz simpel sagen. Wer das meint, der sollte sich dann eben mal die Mühe machen und die Mystiker lesen. Es stimmt einfach nicht. Man muss natürlich ihre Ausdrucksweisen erst mal verstehen lernen. Das ist klar.

Krichbaum: Gut, dann ganz deutlich: es gibt eine Verbindung von Romantik und Mystizismus. Oder irre ich mich?

Ende: Der Mystizismus gehört zur Romantik dazu! Es gibt keinen Romantiker, der nicht zugleich in gewissem Sinn auch Mystiker ist. Es gibt keinen romantischen Positivisten.

Krichbaum: Das meinte ich. Also könnte man jetzt noch mal die Brücke zu den Werken Ihres Vaters schlagen und sagen, dass er neben allem auch Romantiker war.

Ende: Aber selbstverständlich. Wenn ich mich nicht irre, war es Franz Roh, der die Malerei meines Vaters sogar als »romantischen Realismus« oder so ähnlich bezeichnete. Also ganz zweifellos gehört auch mein Vater mit in diese sehr deutsche Richtung des Romantischen mit hinein. Aber, man darf eben nicht vergessen, dass gerade die Romantik eigentlich die erste original-deutsche Kulturleistung war, die auch die anderen Völker interessiert hat. Was wäre der ganze Byron ohne die deutsche Romantik, was wäre Puschkin ohne die deutsche Romantik! Da war auf einmal etwas da, was da aus Deutschland kam, was die anderen Völker mit großer Sympathie und mit großem Interesse wahrgenommen und teilweise sogar aufgenommen haben.

Krichbaum: Aber außer der Romantik gab es natürlich noch das Barock. Das ja auch als eine Kulturform angesehen wird, die, ohne dabei Italien zu vergessen, angeblich typische deutsche Züge aufweist.

Ende: Ja, richtig, wenn Sie jetzt das ganze niederländische Barock usw. noch dazunehmen, dann gebe ich Ihnen recht, wenn Sie das mit zur deutschen Kultur rechnen, was man im gewissen Sinn sicher tun kann. Dann kann man das so stehen lassen. Deswegen behaupte ich ja, die deutsche Kultur beginnt im Grund mit dem 30jährigen Krieg. Dort gibt es den ersten großen deutschen Roman, den *Simplicius Simplicissimus,* die Bibelübersetzung von Luther. Das, was wir vorher haben in Deutschland, ist eigentlich mehr oder weniger provinzielles Nachahmen der burgundischen Literatur oder der französischen Literatur. Auch Opitz und Gryphius, die Sie so gerne erwähnen, sind noch nicht in dem Sinn selbstständig, haben noch keine eigenständige Kulturschöpfungen hervorgebracht, sondern sie haben es eben von den lateinischen Schriftstellern oder von den französischen oder von den spanischen übernommen. Die wirkliche eigenständige Kulturleistung Deutschlands, bis in die Musik hinein übrigens, beginnt im Grund erst mit dem 30jährigen Krieg. D. h., wir haben im Vergleich zu den anderen Nationen eine Kulturkontinuität erst seit dreihundert Jahren.

Krichbaum: Also seit dem Barock.

Ende: Seit dem Barock. Dort gibt es ja neben der großen Musik auch noch die Volksmusik. Das ist die große, große Zeit der deutschen Volksmusik. Die schönsten deutschen Volkslieder sind nach wie vor noch die Barocklieder.

Krichbaum: Ich fürchte, wir müssen allmählich zum Ende kommen …

Ende: Wir sind doch schon die ganze Zeit beim Ende.

Krichbaum: Bei zwei Enden! Deswegen, Herr Ende, was sind für Sie die zwei wichtigsten Bilder Ihres Vaters?

Ende: Das eine, mir allerwichtigste Bild heißt *Die sterbenden Genien,* das habe ich leider nicht mehr. Das gehörte eigentlich mir, aber da wir irgendwann mal wieder kein Geld hatten in der Familie und jemand da war, der dieses Bild kaufen wollte, wurde es eben verkauft. Natürlich für einen Spottpreis, das versteht sich von selbst. Und das andere Bild, was mir noch sehr wichtig ist: *Die Frau auf der Schildkröte.* Das ist jetzt noch beim Nachlass. Aber ich werde es mir dann zurückholen, nach der Ausstellung. Das sind für mich die beiden, sagen wir mal die Bilder, zu denen ich die tiefste innere Beziehung habe.

Krichbaum: Warum gerade *Die Frau auf der Schildkröte*?

Ende: Warum? Na ja, Sie wissen ja, Sie sehen es ja auch hier im Zimmer, dass ich zu den Schildkröten ein ganz besonderes Verhältnis habe.

Krichbaum: Doch wohl nicht wegen des harten Panzers?

Ende: Nein, die Schildkröte ist ein Tier, das mich immer wieder von Neuem fasziniert, zum Beispiel wegen ihrer vollkommenen Nutzlosigkeit. Die Schildkröte hat keine Feinde, sie hat auch keine Freunde. Sie geht so durch die Welt, nützt niemand und schadet niemand. Sie ist einfach da. Sie ist einfach nur da. Und sie wird uralt. Sie ist ungeheuer anspruchslos. Eine Schildkröte kann sich praktisch mit ein paar Blättchen Klee ernähren, sie braucht nichts Besonderes. Und eine Schildkröte, ich weiß nicht, ob Sie mal einer Schildkröte ins Gesicht geguckt haben, eine Schildkröte hat so ein eigentümliches Lächeln, als ob sie irgendetwas wüsste, was sie nicht sagt. Das verkörpert sie einfach. Aber ich will sogar noch weitergehen. Das ist jetzt ein bisschen gewagt vielleicht, was ich jetzt sage, aber ich versuche, Tiere mal ganz unabhängig von ihrer biologischen Struktur einfach physiognomisch zu nehmen, also mich zu fragen, was stellt so ein Tier eigentlich dar. Und wenn Sie eine Schildkröte lange angucken, dann werden Sie bemerken, dass eine Schildkröte eigentlich eine wandelnde Hirnschale ist. Genau so wie die Hirnschale beim Menschen. Und wenn sich die selbstständig machen könnte und könnte durch die Welt wandern, dann hätten sie eine Schildkröte. Nun, die Hirnschale ist in der Mythologie etwas ganz Besonderes. In der nordischen Mythologie wird der gestirnte Himmel ja aus der Hirnschale des Eisriesen gebildet. Und interessanterweise gibt es in allen mystischen Schulen einen Zusammenhang zwischen der Hirnschale und dem gestirnten Himmel. Das, was beim Menschen die Hirnschale ist, also was im Mikrokosmos die Hirnschale ist, das ist im Makrokosmos tatsächlich das Universum, der gestirnte Himmel. Und den trägt die Schildkröte als noch kleineren Mikrokosmos in dieser Welt herum und repräsentiert ihn. Und auf dem Bild meines Vater geht nun diese Schildkröte über einen Globus, über eine Erdkugel, und auf dem Rücken der Schildkröte sitzt diese götterartige Frauengestalt auf einem steinernen Thron und lässt sich langsam über die sich drehende Erdkugel tragen.

Krichbaum: Aber sie hat die Hand hochgerissen, als ob sie Angst hätte, runterzufallen. Oder soll das eine beschwörende Geste sein?

Ende: Ich finde, es ist eine Grußgeste. Es ist eine Grußgeste. Sie grüßt eigentlich den Betrachter. Sie schaut ihn auch an, wenn ich mich nicht irre. Und ganz im Hintergrund fährt noch ein Schiff vorbei. Das Schiff ist ja auch ein sehr vieldeutiges Symbol. Im Hebräischen zum Beispiel ist das Wort für *Schiff* und für *Wort* das gleiche: *Tewa*. *Tewa* heißt Schiff, und es heißt zugleich auch Wort. Also etwa die Arche Noah im Alten Testament, da steht das Wort *Tewa*. Also Noah wird durch das Wort über die Sintflut gerettet, so können Sie das auch übersetzen. Oder das Binsenkörbchen, in dem Moses gerettet wird, heißt *Tewa*. Er wird im Wort gerettet. Es gibt Barocklieder, in denen dieser Zusammenhang noch bekannt war. »Es kommt ein Schiff gefahren.« Sie kennen das Lied. Wo absolut der Zusammenhang zwischen dem Bild *Schiff* und dem Begriff *Wort* noch hergestellt ist. Das ist jetzt erst in den letzten Jahrhunderten verloren gegangen, da weiß man solche Zusammenhänge nicht mehr. Ich weiß nicht, inwieweit mein Vater beim Erfinden eines solchen Bildes an derartige Zusammenhänge gedacht hat, er hat sich mit solchen Zusammenhängen sehr viel beschäftigt. Wieweit er aber daran gedacht hat, weiß ich nicht. Aber für mich besagt dieses Bild eben ungeheuer viel.

Krichbaum: Und das andere, *Die sterbenden Genien*?

Ende: Ja, da sehen Sie links auf dem Bild eine Art Geröllhalde, auf der liegen sterbende Engel, die hineinsterben in diese Materie. Die zu Fels werden. Sie haben auch genau dieselbe Farbe wie die umgebenden Felsblöcke. Und sie sterben eigentlich hinein in diese Materie. Und aus dem Hintergrund kommen zwei Elefanten, die eigentlich nur das urzeitliche Geschehen noch andeuten. Dieses Hineinsterben der Genien in die Materie ist für mich der Schöpfungsakt schlechthin. Der Schöpfungsakt der materiellen Welt besteht in gar nichts anderem als darin, dass sozusagen Genien hineingestorben sind und dadurch überhaupt erst die Materie entstanden ist. Oder wenn Sie so wollen: Jeder künstlerische Realisationsvorgang, jeder Verwirklichungsakt ist eigentlich das Hineinsterben einer Idee in eine materielle Form.

Krichbaum: Dahinter verbirgt sich eine pantheistische Gottesvorstellung …

Ende: Meinen Sie? Jetzt müssten wir uns allerdings lange über den Begriff *Pantheismus* unterhalten. Das hängt wiederum zusammen mit der Vorstellung, dass hinter unserer sinnlich wahrnehmbaren Welt tatsächlich eine Welt von Intelligenzen und Wesenheiten lebt …

Krichbaum: Oder einfach nur Götter …

Ende: Warum nicht, sagen wir ruhig Götter. Dagegen habe ich nichts. Wobei ich den Begriff Götter vielleicht nur deswegen vermieden habe, weil es implizieren könnte, dass diese ganze Welt, diese ganze geistige Welt, die aus Wesenheiten besteht, letzten Endes wieder eine gewaltige, unvorstellbare Einheit bedeutet, in einer Einheit lebt. Und diese Einheit von allem wäre dann der monotheistische Gottesbegriff. Man hat den Monotheismus ja auch missverstanden, grade in den letzten Jahrhunderten. Gerade so, als ob es unter den vielen Wesen dieser Welt besonders eines, ein Größtes, gäbe, was sozusagen Gott ist. Ursprünglich ist die Eins in der griechischen Mathematik oder etwa in der pythagoräischen Mathematik, oder auch in der Kabbala, die größte Zahl. Die Eins ist nicht wie heute in unserer quantitativen Zählweise die kleinste Zahl, sondern Eins ist die größte Zahl. Eins ist nämlich das Ganze. Eins ist alles. Und wenn man dieses Ganze …

Krichbaum: Dahinter steht aber auch die einfache Erkenntnis, dass nichts weniger als Eins sein kann.

Ende: Ja natürlich, die Null gibt es da nicht. Obwohl es den Begriff des Nichts sehr wohl gibt, zum Beispiel in der Kabbala. Aber das ist wieder eine andere Frage. Das ist das größte aller Wunder in der Kabbala: Dass es das *Nichts* gibt, in dem dann die Eins wohnt. Das ist das Zurückführen, das es zum Beispiel in chassidischen Volksliedern gibt. Da wird immer wieder durchgezählt und die Zahlenreihe immer wieder auf Eins zurückgeführt. Dann heißt es zum Schluss: Einer ist Gott, und Gott ist einer und weiter keiner. D. h. aber: Er ist das Ganze. So war ursprünglich der Monotheismus gemeint. Es gibt also gar keine grundsätzliche Divergenz zwischen der Tatsache, dass in diesem Ganzen, in dieser ursprünglichen und letztendlichen Eins die unendliche Vielheit enthalten ist. Ich will mit dieser Ausführung jetzt nur erklären, warum ich hier das Wort Götter vermieden habe, aber ich könnte es genauso gut verwenden, wenn Sie es immer so verstehen wollen, dass diese Götter oder Engel, Erzengel oder Cherubim und Seraphim oder wie sie auch immer nun in den verschiedenen Hierarchien genannt werden, dass diese Wesen letzten Endes alle zusammen mit der physisch sichtbaren Welt eine gewaltige Einheit bilden. Und diese Einheit ist das, was man in den großen monotheistischen Religionen *Gott* nannte.

Krichbaum: Ich möchte hier, etwas abrupt, eine Zäsur machen und Sie zum Schluss fragen, welche Bedeutung Sie selber dem Werk Edgar Endes beimessen?

Ende: Ich bin natürlich persönlich viel zu sehr berührt von der ganzen Sache, um hier jetzt eine Wertung vorzunehmen. Aber ich möchte doch sagen, dass Edgar Ende nach meiner Ansicht für die mitteleuropäische Malerei ein Rang zugestanden werden müsste, der in etwa dem von Magritte entspricht. Auch hinsichtlich der Wichtigkeit, die seine Bilder für die Kunstentwicklung damals hatten. Denn viele haben eigentlich von ihm gelernt, ohne es zuzugeben. Manche geben es auch zu. Ich habe zum Beispiel mit verschiedenen Malern der Wiener Schule geredet, die gesagt haben, selbstverständlich, Ende ist unser Vater. Beispielsweise Ernst Fuchs, der sein Werk sehr gut kannte und der ihn außerordentlich schätzte. Mit Fuchs habe ich persönlich einen Abend darüber geredet, und er sagte, wir alle kennen Ende, uns ist Ende eine ganz wichtige Voraussetzung für unsere eigene Arbeit.

Krichbaum: Rudolf Hausner. Könnte man den in diesem Zusammenhang auch nennen?

Ende: Ja, würde ich schon sagen.

Krichbaum: Aber er hat sich nicht direkt dazu bekannt?

Ende: Auch Fuchs hat sich öffentlich dazu nicht bekannt. Aber das kam einfach daher, dass da öffentlich gar nicht drüber diskutiert wurde. Also die Frage wurde gar nicht gestellt. Insofern war die Antwort auch nicht gefordert. Dennoch, es wäre schon mal interessant, gerade bei den jüngeren Surrealisten in Deutschland, etwa bei den Gebrüdern Angerer, mal nachzufragen: Was bedeutet eigentlich das Werk von Ende für Sie, für Ihre persönliche Entwicklung? Ich bin überzeugt, dass man bei sehr vielen von diesen Malern hören wird: Ja, viel.

Krichbaum: 1985 jährt sich der Todestag Ihres Vaters zum zwanzigsten Male. Was würden Sie sich an seiner Stelle wünschen, wenn Sie drei Wünsche frei hätten?

Ende: Erstens würde ich gerne eine wirklich schöne große Monographie haben. Eine gründliche Durcharbeitung seines Werkes. Und eine große Ausstellung, die geeignet sein kann, ihm im öffentlichen Bewusstsein den Platz zu verschaffen, den er eigentlich sein Leben lang verdient hätte. Ich glaube, etwas Besseres kann man einem Künstler nicht wünschen.

Krichbaum: Vielleicht ist auch dieses Gespräch eine kleine Hilfestellung. Haben Sie, so gesehen, das Gefühl, dass wir über ein paar wichtige Aspekte des Werkes Ihres Vaters gesprochen haben? Oder haben wir Wichtiges nicht bedacht?

Ende: Ich meine, es ließe sich noch so unendlich vieles sagen. Man würde jetzt die einzelnen Dinge, die wir alle nur anklingen lassen konnten, weiter ausführen müssen. Man könnte da an verschiedenen Höhleneingängen oder Höhlenverästelungen noch sehr viel weitergehen und weitersuchen und natürlich eine ganze Menge interessanter Dinge noch finden. Aber wenn diese Gespräche, die wir jetzt geführt haben, dazu beitragen, dass der Betrachter der Bilder von sich aus weitermachen kann, dass er überhaupt den Einstieg findet in die Bilder, dann wäre es sogar schade, wenn wir jetzt zu viel vorwegnehmen und dem Betrachter die eigenen Entdeckungen sozusagen verwehren würden, nur weil wir ihm diese schon fertig vorsetzen.

Krichbaum: Also könnten wir mit gutem Gewissen das Mikrophon ausschalten?

Ende: Ich glaube schon.

Biographie Edgar Ende

1901
Am 23. Februar Geburt von Edgar Karl Alfons Ende in Hamburg / Altona als Sohn des Gustav Ende und dessen Frau Auguste, geborene Wille. Der Vater ist Wachszieher, Handlungsreisender, Nachtportier, Trambahnschaffner; er unterhält zuletzt eine Pantoffel- und Hausschmuckmanufaktur.

1902
Geburt des Bruders Helmuth. Als wichtigste Kindheitserlebnisse werden von Edgar Ende später notiert: geheimnisvolles Spielzeug wie schwebende Vögel und Schmetterlinge, Hampelmänner, Glasmurmeln, Weihnachtskugeln. Bilderbögen für ein Theater, ein an die Wand gemaltes Skelett. Ein Besuch im Panoptikum, ein Laden mit Negermasken, der Zirkus Hagenbeck, ein Schützenfest, der Hamburger Hafen. In der Nachbarschaft ein Schneider mit der Lizenz für Straßenmusikanten, ein Zigarrenmacher, ein Eisendreher, polnische Juden. Häufige Krankheiten. Zwei Schreckenserlebnisse: Absturz eines Telefonarbeiters von einem Dach. Sturz des jüngeren Bruders von der Fensterbank neben ihm auf die Straße. Die Erinnerung an den Vorfall ist ausgelöscht, doch nachträglich ist sich der Junge uneins, ob ihn der erhobene Vorwurf der Schuld daran zu Recht trifft.

1910
Fängt an zu zeichnen. Als wichtigste Vorlage dienen ihm Abbildungen auf Trinkgefäßen und Vasen.

1912
Tod der Großmutter, deren Verlust für den Jungen einen tiefen Schmerz bedeutet, den er zunächst in sich vergräbt und erst später beim Anhören einer Geschichte, in der ein Kind sich aus einem fahrenden Schlitten vor die Wölfe wirft, um die Mutter zu retten, bewusst empfinden kann.
Weiterer Kontakt mit künstlerischen Dingen: vom Vater geschnitzte Kasperlepuppen und Spielsachen. Zeichnungen eines

Zigarrenmachers, Ölbilder einer Malerin aus der Nachbarschaft. Beginn des eigenen Malens mit Ölfarben, die ihm ein Drogist schenkt. Schulschwierigkeiten, Verbleiben auf der Volksschule. Entschluss, Maler zu werden entgegen den Plänen eines bürgerlichen Berufs seitens der Eltern.

1915
Beginn einer vierjährigen Lehre als Dekorationsmaler; enttäuschend, da in erster Linie nur handwerkliche Fähigkeiten gelehrt werden. Quälende Behandlung durch einen Gehilfen, die Selbstmordgedanken anregen; Verdächtigung, an dessen Sturz von einem Gerüst schuldig zu sein.

1916
Abendkurse an der Kunstgewerbeschule in Altona.

1917
Einschreibung als regulärer Studierender an der Kunstgewerbeschule; in Absprache mit dem Lehrmeister während der Wintersemester ganztägiger Besuch.
Begeisterung für die handwerklichen und künstlerischen Fähigkeiten der Lehrer, die von einem Akademismus zeitgenössischer, vor allem symbolistischer Stilrichtung geprägt sind: Heinrich Roehr, August Henneberger (Bildhauerei), Schwindratsheim (Kunstgeschichte), Koltz (Akt), Willi Lange. Besonderes Interesse für das Aktzeichnen; eine Zeit lang intensives Studium der Bildhauerei; Absicht, Bildhauer zu werden. Großer Fleiß, gilt als äußerst begabt, beeindruckt seine Mitschüler durch sein Können und seine Fähigkeit zu theoretischer Diskussion. Mehrere kleine Stipendien. Bald Entwicklung eines eigenen Malstils unter dem Einfluss von Marées.

1918
Engagiertes Miterleben der Oktoberrevolution, Teilnahme an Debattierclubs, erklärter Gegner der rechtsextremistischen Epptrupps, Besuch von Anarchistengruppen.

Entdeckung geistiger und künstlerischer Welten durch die Vermittlung seines Bruders und dessen Freunde, die erst das Gymnasium und dann die Hochschule besuchen. Hört dort selbst Vorlesungen über Philosophie bei Cassirer, Naturgeschichte, Mathematik. Ausgeprägtes Interesse für Mythologie, Mystik, insbesondere Jakob Böhme, Magie, die Anthroposophie Steiners; die anthroposophische Kunst allerdings bleibt ihm fremd. Begegnung mit der Psychoanalyse Freuds, die er ablehnt, im Gegensatz zu Jung, der wiederum die Werke Edgar Endes ablehnte. Beschäftigung mit den Werken von Hölderlin, Novalis, Klopstock, Dostojewskij, Strindberg und insbesondere Alfred Mombert; dazu das Theater Georg Kaisers, Walter Hasenclevers. Die Musik Wagners. Waldens *Sturm*, der ihn in Kunstdebatten zur Parteiergreifung für die avantgardistische Kunst veranlasst. Begegnung mit der Kunst der Expressionisten, Matisse, Chagall, Munch; zugleich Interesse für die bäuerliche Kunst.

1919
Abschluss der Dekorationsmalerlehre mit der Gehilfenprüfung.

1920
Abschluss der Lehrzeit an der Kunstgewerbeschule in Altona; als Gesellenstück liefert er eine Schäferszene in der Manier des Rokoko ab, danach weitere Bildhauerkurse, Abendkurse an der Hochschule für Freie und Angewandte Kunst (Landeskunstschule) in Hamburg; macht sich bald künstlerisch selbstständig. Mühsamer Broterwerb, zeitweilig in seinem Beruf als Malergeselle tätig, als Pressezeichner, als Bühnenmaler. Zusammenkünfte mit einer Gruppe von Künstlern im sogenannten Donnerschen Schloss, den Malern Erich Hartmann, Adja Junker, dem Bildhauer Albert Wöppke. Ende bekommt eine Schülerin. Die Stadt Altona stellt ihm ein Atelier zur Verfügung.

1921
Mitglied des Altonaer Künstlervereins. Erste künstlerische Erfolge: Ausstellung in der Hamburger Sezession. Der Kunstkritiker Ahlers-Hestermann, der Berliner Galerist Karl Nierendorf,

der Hamburger Bildhauer Meyer-Ganzoni werden auf ihn aufmerksam; Artikel von Oswald in der Vossischen Zeitung; Verkauf von Bildern unter anderem an den Reeder Leiss, an den Maler Ivo Hauptmann und an die Stadt Hamburg.

1922
Heirat mit Trude Strunck; die Ehe dauert vier Jahre.

1923
Das Ölgemälde *Der Milchmann* entsteht.

1924
Allmähliches Bekanntwerden. Stilistische Nähe zur Neuen Sachlichkeit. Bekanntschaft mit Paul Kemp und Gustaf Gründgens. Der Kritiker Hugo Sieker vergleicht Endes Menschendarstellungen mit denen von Marées. Das Ölgemälde *Das Treibhaus* entsteht.

1925
Die Ölgemälde *Anatomie* und *Die Gaukler* (1928 überarbeitet) entstehen.

1927
Das Ölgemälde *Das Bad* entsteht.

1928
Übersiedlung nach Garmisch. Lernt in der Pension Nirwana unter anderem Heinrich Mann kennen.
Das Ölgemälde *Die Gefangenen* entsteht (1931 überarbeitet).

1929
Heirat mit Luise Bartholomä, die in Garmisch ein Geschäft mit Spitzen und Halbedelsteinen betreibt. Geburt des Sohnes Michael.
Ausstellung in der Galerie Goltz in München; das im Fenster gezeigte Bild *Aquarium* verursacht einen Menschenauflauf, den die Polizei zerstreuen muss. Beginn einer langjährigen Freund-

schaft mit dem Kunstkritiker Franz Roh. Durch ihn Vermittlung an den Münchner Galeristen Günther Franke, der Edgar Ende in der Folgezeit des Öfteren ausstellt und mit dem sich der Maler ebenfalls anfreundet.

1930
Die Ölgemälde *Der Sturm*, *Tiere im Raum* und *Der Zug* entstehen.

1931
Übersiedlung nach München-Pasing. Reise nach Italien, die ihn künstlerisch stark beeinflusst, vor allem durch die Begegnung mit der Renaissance und mit der pittura metafisica Giorgio de Chiricos. In der Villa Massimo in Rom Zusammentreffen mit den Malern Gilles und Kuhn. Freundschaft mit den Malern Schrimpf und Scharl in München. Mitglied der Münchner Neuen Sezession. Zerstörung von drei Gemälden und fünf Zeichnungen beim Brand des Glaspalastes.
Die Ölgemälde *Die Schlittschuhläufer*, *Auf der Scholle* und *Die Problematiker* entstehen.

1932
Preisausschreiben und Gedichte von Besuchern einer Ausstellung im Kunsthaus Schaller in Stuttgart über das Bild *Stierträger*. Vor und zu Beginn des Dritten Reiches eine fruchtbare Schaffensperiode. Erfolge und Verkäufe von Bildern im In- und Ausland. Ankauf eines Bildes durch den bayerischen Staat.
Die Ölgemälde *In den Kugeln* und *Allegorie* entstehen.

1933
Die 1. zyklusartige Bilderfolge entsteht (Weltennot): *Die Frau auf der Schildkröte*, *Die Zelte* und *Die Barke*.

1934
Bis 1938 Teilnahme an der International Exhibition of paintings im Carnegie Institute in Pittsburgh. Verdüsterung der Situation des Künstlers.
Die Ölgemälde *Die brennende Fahne* und *Wassernot* entstehen.

1935
Umzug in eine billigere Atelierwohnung in München-Schwabing. Anlässlich einer Ausstellung in der Neuen Pinakothek Artikel des obersten Parteirichters, Major Huch, mit der Androhung von Freiheitsentzug an Ende, falls er bei seiner Malweise bliebe.
Das Ölgemälde *Mit dem Pfeil* entsteht.

1936
Berufsverbot durch Verweigerung des Bezugsscheins für Farben durch die Reichskulturkammer. Ausstellungsverbot.
Die Ölgemälde *Das Zwiegespräch, Fragmente* und *Genius loci* entstehen.

1937
Konfiszierung der in Museums- und Galeriebesitz befindlichen Werke bei der Aktion Entartete Kunst.
Phasen der Schwermut, zeitweilige Unfähigkeit zu künstlerischer Tätigkeit. Existenznot. Mitarbeit bei Wandmalerei-Aufträgen viel beschäftigter Malerkollegen, zum Beispiel Günther Graßmann, als ein Quasi-Angestellter. Wandgemälde unter eigenem Namen in Kasernen. Seine Frau Luise erlernt Heilgymnastik und Massage und kann dadurch die Familie miternähren. Finanzielle Unterstützung durch die Bildhauerin Hilde Praetorius.
Die Ölgemälde *Der Kampf* und *Am Ufer* entstehen.

1938
Bekanntschaft mit Paul Heise, Franz Rauhut, Stefan Andres, Friedhelm Kemp. Künstlertreffen im Restaurant Brennnessel.

1940
Weihnachten Stellungsbefehl.

1941
Als Rekrut bei der Flakartillerie in Bonn. Nach der Ausbildung Obergefreiter bei dem Flakscheinwerfer-Bataillon 408 in

Köln-Bickendorf. Hier Auswerter und Zeichner im Innendienst, daneben Tätigkeit als Portraitzeichner. Begegnung mit dem Kunsthistoriker Herbert von Einem. Lernt die Kunstschätze des Rheinlandes kennen.

1944
Die Atelierwohnung in München verbrennt mit dem größten Teil der Werke, unter anderem allen Radierungen, bei einem Bombenangriff; einige wenige Gemälde und Zeichnungen werden erhalten durch Auslagerung zusammen mit Bildern in staatlichem Besitz durch den Direktor der Bayerischen Staatsgemäldesammlungen, Professor Ernst Buchner. Ende bei der Flakartillerie-Schule in Baden bei Wien.

1945
Transportunfall in Pressburg; als Kranker abgeschoben in die Steiermark. Seiner Truppe gelingt es, den Russen in langen Fußmärschen zu entkommen. Sechs Wochen in amerikanischer Kriegsgefangenschaft in Salzburg. Transport nach München. Bezug einer Atelierwohnung in Schwabing, zusammen mit dem Landschaftsmaler Richard Ferdinand Schmitz. Erneuter künstlerischer Aufschwung.

1946
Mitbegründer des Berufsverbandes Münchner Künstler. Gründet zusammen mit Mitgliedern der ehemaligen Münchner Neuen Sezession und der ehemaligen Juryfreien, insbesondere mit Rudolf Schlichter, Ernst Geitlinger und Adolf Hartmann, mit dem er sich anfreundet, die Neue Gruppe; hat längere Zeit das Amt des Zweiten Vorsitzenden und Schriftführers inne. Als erster deutscher Maler nach dem Krieg Ausstellung im Carnegie Institute. Bekanntschaft mit Fabius von Gugel und Mac Zimmermann, der deutlich von Ende beeinflusst wird.
Das Ölgemälde *Die Mittagsstunde* entsteht.

1947
Die Ölgemälde *Der Selbstmörderengel* und *Die Geburt der Träume* entstehen.

1948
Autobiographie und kunsttheoretische Schriften. Teilnahme an der Biennale in Venedig. Die Palette wird farbiger.
Die 2. zyklusartige Bilderfolge entsteht (Verkörperungen): *Der Taucher, Der Vogelmensch* und *Der Tänzer auf der Kugel.*

1949
Wahl in die Ausstellungsleitung der Großen Münchner Kunstausstellung im Haus der Kunst, in der Folgezeit dreimal deren Präsident, Mitarbeit bis 1961, Teilnahme an den Ausstellungen bis zu seinem Tode.
Das Ölgemälde *Die roten Schuhe* entsteht.

1950
Mitbegründer des Deutschen Künstlerbundes, Teilnahme an den Ausstellungen bis zum Tode. Mitbegründer der bis 1953 existierenden Internationalen Vereinigung der Surrealisten, die außerhalb der Gruppe um Breton steht, die der Züricher Walter Grab initiiert und der unter anderem Rudolf Schlichter, Kurt Seligmann und Edgar Jene angehören.
Das Ölgemälde *Dryadus* entsteht.

1951
Reise nach Paris auf Einladung der Deutsch-Französischen Gesellschaft, um Kontakte zwischen deutschen und französischen Surrealisten zu knüpfen; lernt hier auch den Maler Prinz Heinrich von Hessen kennen, der sich später als geistigen Schüler Edgar Endes bezeichnet. In Paris starker Eindruck durch die Impressionisten, die seinen Malstil erkennbar beeinflussen.
Die 3. zyklusartige Bilderfolge entsteht (Rückschau): *In Memoriam, Der verödete Laden, De Profundis, Die Stühle* und das *Portrait Michael Ende.*

1952
Verschiedene Versuche mit experimentellen Techniken.

1953
Trennung von der Familie; lebt bis zu seinem Tode mit seiner Schülerin Lotte Schlegel zusammen.
Die Ölgemälde *Das Fensterkreuz* und *Apokalyptisches Interieur* entstehen.

1954
Teilnahme an der Biennale in Venedig. In diesen und den folgenden Jahren mehrere Studienreisen nach Italien. Besuch der Quadrinale in Rom.
Die Ölgemälde *Im Regen vor der Tür, Die Letzten, Die Reklamewand* und *Pferderennen* entstehen.

1955
Die Ölgemälde *Der Gaukler* und *Was unter der Erde ist* entstehen.

1956
Das *Portrait Alix du Frênes* entsteht.

1957
Die 4. zyklusartige Bilderfolge entsteht (Raumlandschaften): *Die Zielträger, Die langen Haare, Jahrmarktsbude* und *Die Szene*.

1958
Mitglied der in Brüssel gegründeten CIAFMA (Centre International de l'Actualité Fantastique et Magique).
Die Ölgemälde *Die Büßerinnen* und *Das Veloziped* entstehen.

1959
Das Ölgemälde *Saturnischer Tanz* entsteht.

1960
Bekanntschaft mit Oskar Kokoschka.
Die Ölgemälde *Lazarus wartet* und *Pythagoras* entstehen; daneben eine Vielzahl von Lithographien.

1961
Entwürfe von Bühnenbildern zu Julius Cäsar von Fritz Kortner. Es entstehen vorwiegend Gouachen: *Demeters Geburtstag, Das Spiegelbild* und *Napoleon verlässt Elba.*

1962
Edgar Ende erhält den Seerosenpreis der Stadt München.
Das Ölgemälde *Aus dem Gemäuer* entsteht.

1963
Herzinfarkt, Krankenhausaufenthalt. Ende wird Ehrenmitglied der Akademie der Bildenden Künste München. Umzug nach Netterndorf bei Antholing, Kreis Glonn; als Wohnung und Atelier dient das ehemalige Schulhaus.
Die Ölgemälde *Prometheusgeschenk, Engelwalze* und *Schalen des Zorns* entstehen.

1964
Das Ölgemälde *Das Meer der Liebe* entsteht.

1965
Die Ölgemälde *Die Monarchen, Der Wanderer* und *Der gefesselte Sturm* entstehen.
Am 27. Dezember Tod in Netterndorf nach einem plötzlichen Herzanfall.

Inhalt

Die Autoren

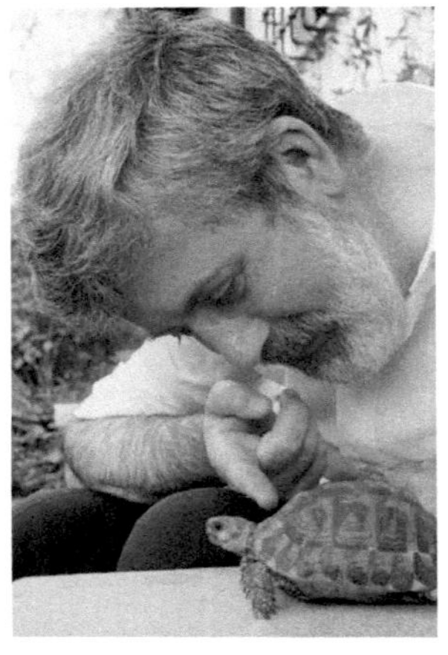
© Caio Garrubba

Michael Ende (1929–1995) ist einer der erfolgreichsten deutschsprachigen Schriftsteller. Neben Kinder- und Jugendbüchern schrieb er poetische Bilderbuchtexte, Bücher für Erwachsene, Theaterstücke, Gedichte und Essays. Michael Endes Werke wurden in über 40 Sprachen übersetzt und erreichen heute eine Gesamtauflage von über 33 Millionen Exemplaren. Viele seiner Bücher wurden verfilmt und sind auch aus Funk und Fernsehen bekannt.

Mehr Infos zu Michael Ende unter www.michaelende.de

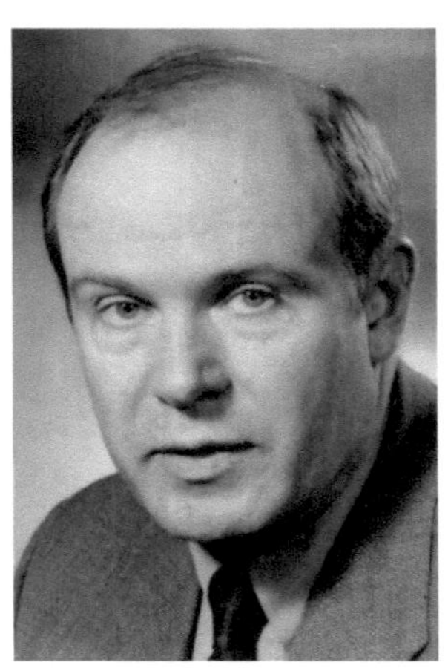

Jörg Krichbaum (1945–2002) engagierte sich neben seiner Tätigkeit als Schriftsteller für Kunst und Kultur. Es ist auch sein Verdienst, dass das malerische Œuvre von Edgar Ende in den achtziger Jahren wiederentdeckt wurde: Durch erfolgreiche Ausstellungen in zahlreichen Städten, die Jörg Krichbaum kuratierte, ist das Werk des Künstlers einem großen Publikum wieder ins Bewusstsein gerufen worden, sodass dessen Kunst heute einen festen Platz in der deutschen Kunstgeschichte erhalten hat. Im Zuge dieser Neuentdeckung Edgar Endes führte er ein langes Gespräch mit Michael Ende, dessen Sohn. Das Ergebnis ist ein hochinteressantes Gespräch über wesentliche Fragen der Kunst und die spezielle Sicht auf die Kunst von Vater und Sohn Ende.

Weitere Titel von Michael Ende bei hockebooks

Phantasie / Kultur / Politik
Protokoll eines Gesprächs
(mit Erhard Eppler und Hanne Tächl)
E-Book 978-3-95751-003-7

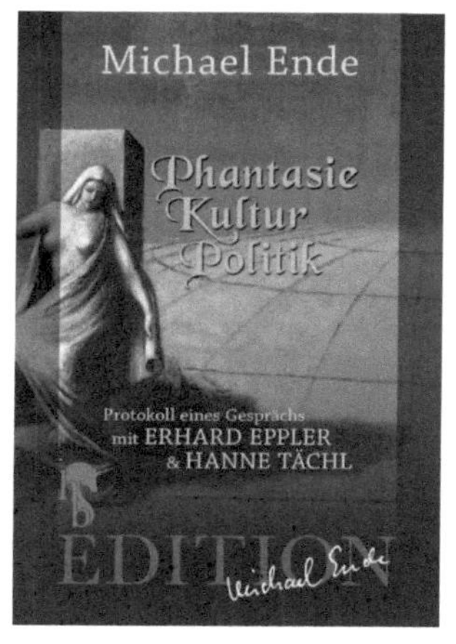

Unsere Gesellschaft braucht mehr denn je positive Utopien. Anfang der 80er treffen sich Michael Ende, Hanne Tächl und Erhard Eppler im Tal der Seligen in den Albaner Bergen, nahe Rom. Zwei Tage lang diskutieren der Geschichtenerzähler, die Schauspielerin und der Politiker darüber, wie eine zeitgemäße Utopie aussehen könnte. Welchen Beitrag können und müssen Kultur und Politik für eine bessere Zukunft leisten? Durch den Austausch der Gesprächspartner, die aus ganz und gar verschiedenen Welten kommen, entstehen nach und nach neue Denkansätze für eine bessere und menschlichere Zukunft. Dabei spielt vor allem die Phantasie, die schöpferische Kraft des Menschen, eine überragende Rolle. Ein Debattenbuch, dessen Thesen bis heute Gültigkeit besitzen – denn die Kraft einer positiven Utopie, die die Menschen verbindet, ist in Zeiten globaler Krisen wichtiger denn je.

Der Spiegel im Spiegel
Ein Labyrinth
E-Book 978-3-95751-046-4
Print 978-3-95751-315-1

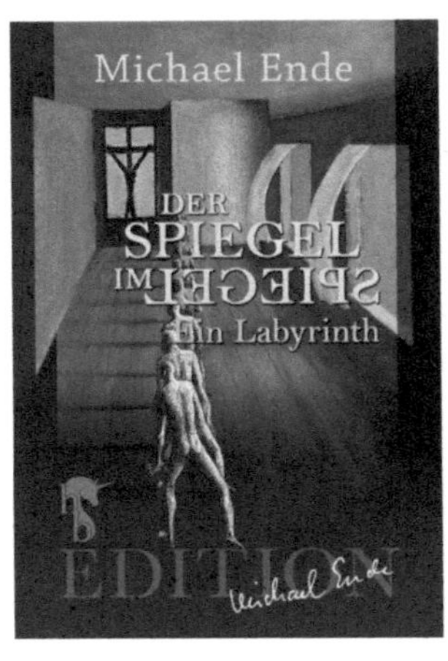

Der Spiegel im Spiegel – Michael Endes Buch ist ein phantastisches Geschichten-Labyrinth der ganz besonderen Art. Für den Autor selbst war dieses Werk von großer Bedeutung: In Interviews nannte er es gerne seine »*unendliche Geschichte* für erwachsene Leser«. Der Leser wird in eine geheimnisvolle Erzählwelt entführt, voller skurriler Situationen und mysteriöser Schicksale, surrealer Bilder und philosophischer Gedanken. Wer sich staunend diesen Rätselvisionen öffnet und sich auf die phantastischen Geschichten einlässt, der gelangt aus Michael Endes Zauber-Labyrinth mit neuem Blick wieder ins Freie. Kernfrage ist: Was spiegelt sich in einem Spiegel, der sich in einem Spiegel spiegelt? Lesen zwei Leser das gleiche Buch, dann lesen sie dennoch nicht dasselbe. Denn jeder der beiden bringt sich selbst in die Lektüre ein. Das Buch wird zu einem Spiegel, in dem sich der Leser spiegelt. Aber genauso ist auch der Leser ein Spiegel, in dem sich das Buch spiegelt: Der Spiegel im Spiegel verweist den Leser auf sich selbst zurück. Die *FAZ* schreibt, dass Michael Ende mit dem Buch zeige, »wie viel Dunkles, Wildes, Rohes den Träumen innewohnt. Er verharmlost nicht. Seine Träume haben Bezug zur Realität, denn im Traum, schrieb Cicero ›wälzen und tummeln sich in den Seelen die Reste derjenigen Gegenstände umher, die wir wachend gedacht und getrieben haben‹.«

Das Gauklermärchen

Ein Spiel in sieben Bildern sowie einem Vor- und Nachspiel

E-Book 978-3-95751-211-6

Print 978-3-95751-262-8

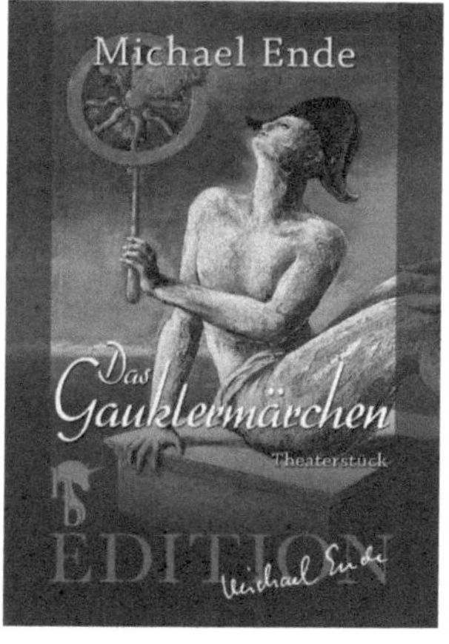

Von der Wirkungskraft der Phantasie: Für die kleine Gauklertruppe sind die Zeiten schlecht, denn niemand interessiert sich mehr für sie. Die Rettung scheint in greifbarer Nähe, als ihnen ein Chemiekonzern ein lukratives Angebot als Werbezirkus anbietet. Allerdings unter einer Bedingung: das geistig behinderte Mädchen Eli stört den schönen Schein und soll deshalb verschwinden. Aus Angst vor der Zukunft sind die Gaukler bereit, sich von Eli zu trennen. Bis ihnen der Clown Jojo ein Märchen erzählt. Und obwohl es ein Märchen ist, ist danach nichts mehr, wie es war.